増補改訂版

独立開業から
事業を軌道に乗せるまで

賢い融資の受け方38の秘訣

田原広一
KOICHI TAHARA

幻冬舎MC

増補改訂版

独立開業から事業を軌道に乗せるまで 賢い融資の受け方38の秘訣

はじめに

〝一国一城の主〟を目指し、独立開業したもののあえなく1年で倒産──そんなケースは決して珍しくありません。

会社生存率に関する中小企業庁のデータを見ると、創業から1年以内に約3割の会社・個人事業主が廃業するといわれています。また、3～5年間のスパンで見ても、生き残っているのは全体の4～6割。数年内で約半分の会社が撤退を余儀なくされているのです。

その筆頭に挙げられる理由は、仕事が軌道に乗るまでの時期を乗り越えられないことにあります。

『中小企業白書・小規模企業白書』（2017年版）の調査結果によると、会社の「成長段階ごとの課題」として1位につけているのが「資金調達」で、創業期で約60％。創業から2～3年の成長初期においても46・5％を占めています。

一方で、「創業期に利用したかった資金調達方法」で「民間金融機関からの借入」（48・8％）が1位に挙げられているのに対し、実際に「利用した資金調達方法」を見ると、「経営者本人の自己資金」が80・2％と大多数を占めています。

希望しても条件などが合わずに金融機関から借りることができず、なんとか自己資金で開業にこぎつけても、想定より売上が伸びずに資金繰りがたちまち苦しくなり、破たんに追い込まれてしまう……という厳しい状況におかれている実態が見えてきます。

加えて、近年では新型コロナウイルスの感染拡大や激甚災害などで事業者を取り巻く経営環境は激変し、特に経営体力の乏しい個人事業者や小規模企業は大きな打撃を受け、予想外の資金が必要になることもあります。

資金調達アドバイザーである私のもとにも、銀行に融資を申し込んでも良い返事がもらえず困り果てている飲食店の経営者の方などが相談に訪れます。悪化した業績から返済が見込めないと判断されると、融資が受けられないのです。手元のキャッシュが乏しくて苦境に陥るケースはもちろん、自転車操業から抜け出すことができず手遅れになっているケースも少なくありません。

しかし、創業時は業績や決算書ではなく事業計画の妥当性で判断されるため、公庫の創業融資制度などをうまく活用すれば融資が受けやすくなっています。ですから、多くの会社にとって資金調達が最大の課題となる創業1、2年の間になるべく多くの借入をして手元資金を増やしておくとよいのです。そうすることで、資金繰りに追われることなく、売上アップに注力できる仕組みづくりに集中でき、結果として経営を早く軌道に乗せることができるようになります。

私は税理士資格を取得したにもかかわらず、税理士事務所ではなく創業のための融資を支援する会社を立ち上げました。それは、開業したての中小企業や個人事業主にとっての最大の課題は、〝資金難〟にあると気づいたからでした。

さらにその気づきを基に、自身も経営者として創業時から融資を積極的に受け、創業6年目で3億円以上の資金調達に成功しました。潤沢な資金を手にしたことで、当初、資本金400万円、社員2名からスタートした会社も6年で50名に増加、オフィスも好立地に移転し、年商は5億円を超え、右肩上がりで成長しています。

その原動力となったのが、まさに融資によって得た現預金と、それによって生まれた気持ちの余裕でした。潤沢なキャッシュがあるからこそ、焦ることなく的確な経営判断ができたことに加え、成長のチャンスとなる投資の機会に出合ったときにスピード感をもって対応することができました。

気持ちに余裕のある経営者なのか、それとも資金繰りに苦しみ焦る経営者なのかは、顔を見れば分かります。誰だって前者の経営者と取引したいと考えますから、潤沢な手元資金は経営者に多くのチャンスをもたらすといっても過言ではないのです。

だからこそ、私が得た気づきと知見、経験を、会社を立ち上げようとしている数多くの同志と共有したい、そんな思いから本書を刊行しました。2018年に初版を発行して以降、多くの方にご愛読いただき、このたび最新情報にアップデートした改訂版を上梓することができました。これまでに4500件以上もの融資サポートを実践して蓄積した知見や経験値から、起業ステージに合わせた最適な融資プラン、具体的なノウハウを余すところなく公開しています。

本書を参考に、ビジネスの船出を成功させ、多くの方に自身の夢をぜひかなえていただきたいと思います。そして日本中で生まれていく個性豊かなビジネスが日本経済を活性化し、より良い社会の実現に微力ながら貢献できれば、こんなにうれしいことはありません。

目次

第2章　事業拡大を目指す社長のための「賢い融資の受け方」38の秘訣

第3章

複数の金融機関からの借入が、「そう簡単には潰れない会社」をつくる

第1章

開業から1年で約3割、3～5年で約半分が淘汰される

事業を軌道に乗せられず、廃業を余儀なくされる経営者たち

会社生存率という言葉をご存じでしょうか。

これは会社が生存している率を示したもの。つまり、会社を立ち上げてから生き残る確率を示す数字になります。

では、日本の中小企業の〝生存率〟はどの程度なのでしょうか。

計算法や調査母体によっても、さまざまな数字が取り沙汰されていますが、中小企業庁のデータを参照すると、平均して1年で約3割、3～5年で4～6割が廃業に追い込まれるという実態が明らかにされています。

つまり、夢を抱き、相応の資金と時間をかけて事業を立ち上げたにもかかわらず、数年で約半分もの会社が倒産してしまうのです。先の中小企業庁の調査で、会社ではなく、個人事業主の場合はさらにサイクルが早く、1年で約4割が〝店じまい〟に追い込まれるというデータもあります。

しかも、新型コロナウイルスの影響について中小企業に聞いた調査によると、コロナ前

よりも売上が減ったと回答した企業が全体の7割に達しています（「新型コロナウイルス感染症の影響下における中小企業の経営意識調査」２０２１年5月、東京商工リサーチ調査）。さらに、半数の企業が〝採算赤字〟と回答しており、中小企業は苦しい状況におかれているのです。

お金が出ていく創業初期は資金ショートが起きやすい

なぜ中小企業や個人事業主が廃業に追い込まれやすいのでしょうか。

理由はさまざまですが、小規模な事業の場合は比較的シンプルで、突き詰めていくと原因は一つです。

お金がなくなると会社は潰れるのです。

つまり、会社の資金が底を突くと、事業が回らなくなる。多くの会社の倒産理由の筆頭に挙げられるのが資金ショートです。

資金ショートは、会社の成長ステージのどの段階でも起こり得るものですが、特に資金ショートのリスクが高いのが創業初期です。

飲食店を例にその背景について考えてみましょう。

店を開くには多くの資金が必要です。初期費用となる設備資金として、物件取得費から内外装費、厨房機器の費用などで1000万円程度かかるケースも少なくありません。多額の資金が一度に手元から出ていくわけです。

なんとか資金をやりくりして開業にこぎつけても、それ以降に必要となる運転資金や、家賃、商品の仕入代金、そして人を雇えば人件費が毎月必ず出ていきます。

もちろん、創業期から売上、利益が順調に上がれば問題ありません。しかし、株式会社東京商工リサーチの調査結果を取りまとめた中小企業の「原因別倒産状況」（中小企業庁）を見ると、直近11年の調査で一貫して倒産理由の1位に挙げられているのが「販売不振」です。つまり、多くの企業が創業当初は、想定より売上が上がらず、1〜3年程度で廃業に追い込まれていくという構図が見えてきます。

売上が想定どおりに上がることはまずない

実際、私が携わってきた数多くの事例を見ても、最初から想定どおり、売上・利益が上げられるケースはまれです。業種にもよりますが、黒字転換には6～7カ月程度かかるというのが平均的数値です。

しかも、多くの方は開業に向けて「こんなオシャレな店にしたい」「スタッフがやりがいをもって仕事ができる環境を整備したい」などと夢ばかりがふくらみ、〝ロマンとソロバン〟のバランスに目がいかなくなってしまいます。コストがふくらむ一方で、売上の見通しを甘く立てがちです。

オープン当初であれば、遠方から友人がわざわざ来てくれたり、近所の人も物珍しさから立ち寄ったりしてくれる〝ご祝儀相場〟も期待できますが、実力が伴ったきちんとした差別化ポイント、戦略がない限り、すぐに客足は遠のいていきます。しかも、コロナ禍以降は非対面や非接触といった新しい営業様式が求められたり、飲食店などでは席数を減らすことも余儀なくされたり、売上やコストの試算はいっそう難しくなっています。経営者を取り巻く不確定要素は増加する一方で、これまで以上に戦略的な経営が求められているのです。

厳しい状況に陥ってから打てる手はそう多くありません。「このままではマズい」と、メニューや業態を見直すなどのテコ入れをしたいと思っても、資金の余裕がなければ新たな戦略を打つこともままなりません。客が来なければ、仕入れのロスも増えるばかりで、新たないい食材の仕入れもできなくなってしまいます。また、サービスや料理のレベルアップのためには、〝数〟をこなし、経験値を積むことも肝要ですが、閑古鳥が鳴いていては、それも実現できません。

まさに〝貧すれば鈍する〟で、「客が来ない→売上が上がらない→料理やサービスのレベルダウン→客足がさらに遠のく」という悪循環に陥ってしまいます。

一方で家賃などの運転資金、固定費は売上に関係なく毎月かかります。こうしてコスト負担ばかりがのしかかり、店を閉めざるを得なくなるわけです。

売上ゼロでも生活できる生活費の蓄積が大事な理由

ここでは飲食店の事例を挙げましたが、営業代行業のような元手ナシで始められるようなビジネスでも、コストは抑えられても集客ができなければ、事業は立ち回りません。美容室など既存顧客を引き継ぎやすい業種であったとしても、周到な準備をしていない限り、売上が順調に上がるまでにはやはり半年程度はかかるのが平均です。

時折、ネットに流布されるような成功話や開業セミナーなどで聞いたノウハウをうのみにし、「このとおりにやれば、絶対にうまくいきます！」などと自信満々で相談にみえるような方もいらっしゃいますが、ビジネスに〝絶対〟はありません。

半年ぐらいは赤字、生活費が入ってこない状況が続く可能性があるということを、覚悟するべきです。

「開業前に最低でも半年間分ぐらいは、売上がゼロでも生活できるよう生活費を貯めておいてください」

融資サポートのお申込みをされる方に、私がいつもそう申し上げるのは、決して大げさな話ではなく、現場で数多くの失敗事例を見聞きしてきたからこその助言なのです。

お金を借りることに及び腰になる日本人

とはいえ、自力で開業資金以外の余剰資金を蓄えておくのは、よほどの資産家でない限り、なかなか難しいことかもしれません。自力で貯められないなら、どうするか。ここで出てくる選択肢が「借りる」という手段です。

いよいよ本題の融資の話に入っていきますが、とかくリスクを取ることについて及び腰になりがちな国民性もあるのでしょう。日本においては「お金を借りる」ことに関して、誤った常識、悪いイメージを抱いている方も多いようです。

まずは、借金につきまとうありがちな誤解・イメージを4つ取り上げ、解説します。

誤解1 「借金＝悪」と思い込んでいる

小さい頃、親や学校の先生などから「借金はダメ」と教えられたような方も多いと思います。特に日本では、独立独歩で会社を立ち上げる人が諸外国より少ないこともあってか、「借金＝悪」というイメージにとらわれる風潮が見られます。

さらに道徳的観点や倫理観からだけでなく、「なるべく借入はしない」ことを前提に、「無借金経営」を推進するような経営本の類いも見られます。

しかし、世のなかの数多ある会社、経営者を見ても分かるように、借入による投資なくして成功しているケースはほぼありません。例えば、孫正義社長率いるソフトバンクはなんと10兆円を超す有利子負債を抱え、「借金が多い会社」としても有名です。しかし、積極的に推進する海外M&A事業を見ても、決して〝博打〟感覚で無闇に借入や投資を実践しているわけでないことは明白です。

孫社長の例は極端としても、規模にかかわらず、企業活動とは「資金調達（借金）→投資→回収」のサイクルを上手に回していくことにほかなりません。

もちろん、「自分一人の生活費程度を稼げればいい」ということであれば、自己資金の範囲内で事業を回していくことも可能です。

しかし、そうであっても、経営が不安定な創業初期は、手元資金を使い切ったところで、アテにしていた取引先が廃業に追い込まれ、売上がゼロになってしまう事態に追い込まれることがないとも限らないのです。

近年の世界情勢を見ても、例えばリーマンショック後やコロナ禍では、多くの会社で売上・利益が大きく落ち込みました。東日本大震災後も、自粛ムードで消費が一気に冷え込みました。自分に落ち度がなくても、未曽有の金融危機やテロなどの地政学的リスク、あるいは異常気象や天災など、事業を揺るがす不確定要素は年々、増加の一途をたどる状況にあります。

では、こうした緊急事態において借入がゼロで現預金100万円ある会社と、借入が500万円あっても現預金が600万円ある会社では、どちらのほうが存続する可能性は高いでしょうか。

答えは明白で、ハイパーインフレでも来ない限り現金の力は強く、現預金を潤沢にもっている後者の会社に軍配が上がります。

明日から売上がゼロになったとしても、そう簡単には潰れないための経営基盤をつくる屋台骨こそが現預金の蓄積であり、そのために借入は不可欠な企業活動の一つなのです。

誤解2 「利息を払うのはムダ」という思い込み

アンチ借金派が「借入＝悪」と唱えるもう一つの主張が、利息の存在です。

つまり、「差し迫った状況でもないのに、融資を受けて利息を払うなんて、お金をドブに捨てるようなものではないか」というものです。

その主張には一理ないわけではありませんが、私は「利息＝掛け捨て保険」と位置付けています。万が一の事態に備えて自分自身で医療保険やがん保険などの掛け捨て保険に加入している人は多いと思いますが、経営が危うくなった際に保険金が支払われる会社向けの保険というのはなかなかありません。

あえて該当するものを挙げると、「経営セーフティ共済（中小企業倒産防止共済制度）」

があります。取引先などが倒産した際に、中小企業が連鎖倒産や経営難に陥ることを防ぐための制度で、無担保・無保証人で掛金の最高10倍（上限8000万円）まで借入でき、掛金の全額を経費に算入でき、解約時には掛金が全額戻ってくる場合もあるなどのメリットがあります。

しかし、借入ができるのは、正式な倒産手続きが取られたケースに限るため、中小企業で多く見られる〝夜逃げ〟のような状態では、借入は認められません。倒産した場合以外の一時貸付金の制度もありますが、実際に貸付を受ける際には積み立てた掛金が大幅に目減りするなどのリスクがあります。

また、「利息がもったいない」といっても、低金利時代にあって貸付金利は低水準にあります。例えば公庫であれば1〜2％台。1000万円を借りても年間約20万円、月にして2万円程度です。さらに女性、35歳未満か55歳以上といった方ならば1％台から融資が可能（女性、若者／シニア起業家支援資金）です。のちに解説する認定支援機関の融資アドバイザーのサポートを受ければ、有利な金利での借入も視野に入ってきます。

大事な会社を守るための〝転ばぬ先の杖〟として活用するならば、利息を払って融資を受けることは「決して高い買い物ではない」と思います。

誤解3　タダで資金調達できるエンジェル投資家はオイシイ!?

融資以外の資金調達手段の一つ、エンジェル投資家に関する注意点にも触れておきたいと思います。

エンジェル投資家とは、「起業家に出資をする個人投資家」のことで、事業立ち上げに必要な資金などのサポートをしてくれる人を指します。

ちなみに、似たような資金調達法に「ベンチャーキャピタル（ＶＣ）」がありますが、実際は似て非なるものです。

エンジェル投資家が個人の資金を使って投資を行うのに対し、ＶＣは顧客である投資家から資金を集め、投資会社が出資を行います。前者が個人の懐からの出資ゆえ、得られる金額も数百万円から数千万円と低めなのに対し、ＶＣの場合、リターンの確実性が求められ、審査も厳しくなる分、出資金額も目安は１億〜数億円と高くなります。

二者の使い分けとしては、まだ実績のない会社、個人が創業資金を集めるならばエンジェル投資家、経営が安定し、事業をより拡大するためのまとまった資金を出資してほしい際に適しているのはＶＣといえます。

では、創業時にあたってエンジェル投資家から出資を受ける際にはどんなメリット、デメリットがあるのでしょうか。

最大のメリットは、返済不要で資金を手に入れられることです。また、エンジェル投資家には元経営者など実績のある人も多くいます。有力な人物の名前が株主として名を連ねることで、会社の信頼向上につながる場合もあります。資金面以外でも、会社にとって有益なサポートや助言を受けることも期待できるでしょう。

エンジェル投資家に経営の権限を握られるリスク

一方で、メリットの裏返しとしてデメリットもあります。

キャリアを活かしたアドバイスを受けられる一方で、望む望まないに関係なく会社の経営に口を挟んでくるようなエンジェル投資家もいます。

また、〝エンジェル投資家〟を名乗る人間による「お金を一部出すから、この事業に投資しないか」といった投資詐欺にも注意する必要があります。加えて、出資を受ける際には、資本金1000万円以上の法人を設立した場合、事業立ち上げから2年間の消費税納税義務免除の対象から外れ、初年度から消費税納税義務が発生する点も留意しておきましょう。

また、VCに関しても同様ですが、相応の事業の将来性を認められてのケースとなり、どこか〝カッコイイ〟響きもあります。新規取引先のルートや、都市銀行などのメガバンクの紹介も期待でき、出資金を返さなくてもいいのもメリットです。

とはいえ、単純に〝お金をあげる〟のではなく、あくまでも〝出資〟であるという点には注意する必要があります。毎期、配当を支払う必要がありますし、私が見聞きした事例でも、出資を受けたばかりに、付き合う取引先についても出資者の知り合いに限定されるなど、自身が思うようにビジネスが展開できないというケースもあります。

リスクを負って、自分で事業をスタートするならば、エンジェル投資家にお願いするか、自力で基盤をつくるかのどちらを選ぶかは、考え方や事業プラン次第ですが、〝タダほど高くつくものはない〟という言葉も考慮に入れ、慎重に検討するべきだと思います。

誤解4　困ってから借りればいいと思っている

借入に対する最も問題視するべき誤解が、「困ってから借りればいい」という考え方です。

「借りる必要がないのに、なぜ手間ひま、コストをかけて融資を受けなければならないのか」という主張は、一見、正論のようでもあります。

しかし、私のもとにも、ギリギリの状態に追い込まれてから、相談にみえる方がいらっしゃいますが、〝自転車操業〟に陥った状態で、お金を借りたいと思っても、借りられる可能性は大幅に下がります。私の会社としてもサポートをお断りせざるを得ないケースが出てきます。

「お金がないから、お金を借りたい」「困っているから助けてほしい」

社長の切実な思いは十分理解できます。

しかし、事業がすでにスタートし、「売上が上がっていない赤字の会社」「お金がない会社」という烙印をいったん押されてしまうと、融資を受けるのは非常に難しいのです。

お金を貸す側に立ってみれば分かると思うのですが、お金がない人（会社）、つまり回収の可能性が低い人に、多額の資金を貸したいと考えるでしょうか。慈善事業ではないのですから、誰もが答えは「ＮＯ」のはずです。

つまり、困ってから融資を受けたいと思っても、時すでに遅しなのです。

「銀行は晴れの日に傘を差し出し、雨の日には傘を奪う」という言葉を聞いたことがあると思います。

銀行は「困っていないときにはお金を貸したがるが、いざ業績が落ち込んで資金調達ニーズが高まると、お金を貸してくれるどころか、先に貸したお金の回収に走る」ということを揶揄した言葉です。むろん、近年、あからさまな〝貸し剝がし〟は鳴りを潜めていますが、雨の日、つまり赤字の会社に傘を差し出す銀行はまずありません。

ならば晴れの日、つまり困っていないときにこそ、必要がなくてもお金をできるだけ多く借りておく。早め早めのアクションこそが経営の安定につながるのです。

創業社長の最大の悩みは「資金不足」にある

事業を末永く継続していくカギを握るのは融資の実践、タイミングにあります。この重大な事実に私が気づいたのは、25歳のとき、創業している社長に共通する多くの悩みを耳にしたことがきっかけです。

当時、資格の学校「TAC（タック）」で講師をしていました。さらに、授業の合間の空き時間を使って、創業したばかりの会社の記帳代行も副業で行っていたのですが、そこで社長の口から多くこぼれ出てくるのが融資に関する悩みでした。

「事業を立ち上げたものの、売上がうまく上がらず、困っている」
「お金を借りたいけれど、赤字の会社にはなかなか貸してもらえない」

こうしたグチめいた話に耳を傾けながら、会社の帳簿を見ていると「なぜ会社でお金がなくなるのか」「どのタイミングでお金が必要となるのか」といった理由、小さな会社ならではの苦しい経営の実態も見えてきました。

例えば、売上が好調な会社でも、入金が遅く、仕入れなどの支払いが先の会社だと、「売上が上がるほど手元資金がなくなる」という皮肉な状況が生み出されます。建設業の請負会社などが典型的な例ですが、もともと遅い入金が工事の遅れなどにより延期になったりすると、たちまち瀕死の状態に追い込まれるわけです。

季節変動があるビジネスも、売上が下がる月に資金ショートのリスクが一気に高まります。引っ越し業などは、2~4月は普段の倍以上売上が上がっても、11月などは売上がガクンと下がります。飲食業も宴会シーズンの12~1月は売上が上がっても、その分、アルバイトを増やすなど、人件費がアップするため、翌月の支払い時には厳しい状態に追い込まれかねません。

それでも売上、利益が上がり続けていればいいのですが、取引実績がなく、経営が不安定な会社には、金融機関もなかなか融資してくれません。

また、飲食店など、多店舗展開を想定したビジネスでは、好条件のテナントを見つけた際に、すぐに手付金だけでも払って物件を押さえるスピード感が求められます。しかし、よほど業績が良くない限り、借りたいと思ったときに、即融資を受けられるケースはまれです。手元資金がないゆえに、せっかくの出店チャンスをあきらめるようなケースも多く見られます。

まさにリアルな社長の声と記帳上の数字に直面し、「資金的余力がなければ事業は立ち行かない」「困る前に余剰資金を蓄えていくことが大事」という気づきを得たのです。

病気になる前の定期健診が大事なのと同様、早めの借入が健全経営につながる

私自身、会社を立ち上げ、社長という立場になって思うのは、経営者たるもの常に仮説をもって行動することが肝心ということです。もちろん「失敗する」と思って独立する方はいないとしても、ポジティブさと併せて「もし想定よりうまくいかなかったら」というネガティブな考え方をもつことも大事です。

もし自分一人のビジネスならば、自分がガマンすればＯＫですが、従業員を雇うなら、「この売上がなくなったら、路頭に迷う人が出てくる」というリスクシナリオに立った対策も肝心です。

「いざとなったら営業すればいい」というほど新規開拓は簡単なものではありません。何もないときにこそ、事前に「借りられるときにお金を確保しておく」という、ある意味、〝守り〟の姿勢が万が一の事態にモノを言うのです。

この構図は、予防医学の考えにも似ているように思います。

「これまで風邪一つ引いたことがないから」と、健康を過信し、身体の調子が悪くなってから病院に行っていては、手遅れになるリスクも高まります。そうではなく、何の不調も感じていないときも定期的に健診を受け、ケースに応じて早めに生活改善などに取り組むことが肝要です。

つまり先を見据えた予防治療こそが身体の健康につながるのと同様、事業においても資金が足りなくなる状況を見越して、早めの借入をしておくことこそが健全経営につながるのです。

とはいっても、いくら経営に問題がなくても、どこの銀行でも融資に応じてくれるわけではありません。例えば、個人では大手都市銀行をメインバンクにしている方も多いと思いますが、事業をしていくうえでの取引先となると敷居が高くなります。

詳しくは次章で触れますが、一口に金融機関といっても、都市銀行から政府系の公庫、地域密着型の信用金庫・信用組合など、さまざまな種類があります。さらに同じ信用金庫でも創業支援や融資に対する姿勢は変わってきますし、支店や担当者によっても対応にバラつきが見られます。

なかでも大手の都市銀行に関しては、大企業でもない限り、創業したばかりの会社、個人事業主が融資を受けられるケースはほぼ皆無といってもいいでしょう。融資どころか、近年ではマネーロンダリングなどの事件が多発した影響もあり、法人口座開設および個人名義でも、複数の口座をつくる際のハードルも上がっています。

では、これから開業を控えている個人、小さな会社が融資を受けるには、どのような準備、ステップを経て、どの金融機関にアプローチをしていくべきなのでしょうか。次章から解説していきます。

＊コラム「これに当てはまると融資のハードルは高い？　6つのチェックリスト」

融資のサポートを行っている私の会社には、月1000件以上の問い合わせが入りますが、電話やメールを経て、実際にお会いしてお話を進めるケースは、そのうちの2割ほどになります。正直なところ、いくらお金を借りたくても、「現段階では、融資は難しい」と判断せざるを得ないケースも多いのです。

特にNGとなりやすいのが以下の項目に当てはまる方です。「一つでも当てはまったら必ず失敗する」というわけではありませんが、計画性をもってクリアしておくに越したことはありません。

まずは「自分は借りられるか否か」の目安として、チェックしてみてください。

1　クレジットブラックの方

直近5年から7年以内にクレジット事故、つまり返済の遅延、踏み倒しなどを起こしてい

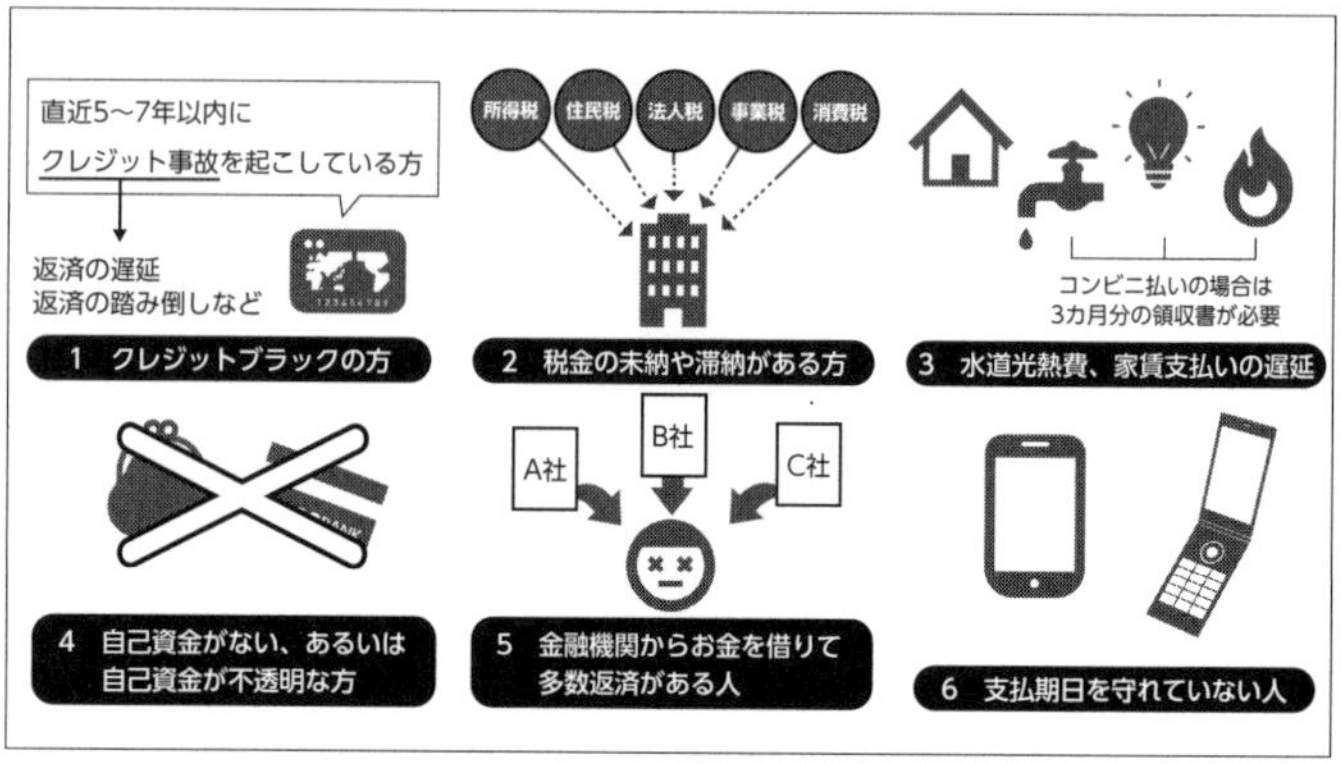
直近5～7年以内に
クレジット事故を起こしている方
返済の遅延
返済の踏み倒しなど
1 クレジットブラックの方
所得税
住民税
法人税
事業税
消費税
2 税金の未納や滞納がある方
コンビニ払いの場合は
3カ月分の領収書が必要
3 水道光熱費、家賃支払いの遅延
4 自己資金がない、あるいは
自己資金が不透明な方
A社
B社
C社
5 金融機関からお金を借りて
多数返済がある人
6 支払期日を守れていない人

図表1　これに当てはまると融資のハードルは高い？
6つのチェックリスト

る方は、融資を受けられる可能性が低くなります。

2　税金の未納や滞納がある方

所得税、住民税、事業税、消費税など、税金の未納、滞納がある場合も融資の可能性が低くなります。融資を受ける前に、未納・滞納分を払っておきましょう。

3　水道光熱費、家賃支払いの遅延

融資を受ける際に、必ず半年分の個人の通帳をチェックされます。現金でコンビニで支払っている場合も、3カ月分の領収書の提出を求められることがあります。

4　自己資金がない、あるいは自己資金が不透明な方

口座にお金があっても、「他人から一括でお金が振り込まれている」「急に通帳が増えている」「会社設立後、資本金がすぐに引き出されている」といった、いわゆる〝見せ金〟は、自己資金として認められないケースが高いと心得ましょう。

5　金融機関からお金を借りて多数返済がある人

消費者金融やクレジット・ローンの利用がある方は評価が下がります。金融機関は融資の審査の際に、シー・アイ・シー（CIC）という信用情報の管理・開示を行う会社で信用情報を問い合わせます。ウソをつくと余計に心証が悪くなるので、注意しましょう。

6　支払期日を守れていない人

携帯代の遅延もCIC情報に掲載されてしまいますので注意が必要です。

第2章

事業拡大を目指す社長のための「賢い融資の受け方」38の秘訣

創業6年目、3億4200万円の融資で経営の好循環を実現

3億4200万円。

これは、創業から6年間で私の会社が金融機関から調達した融資額の合計です。

ちなみに、融資タイミングと金額の内訳を簡単に記しますと、

【1期目】

・2015年12月　会社設立

・2016年1月　800万円（公庫）

【2期目】

・2017年4月　1000万円（公庫）

※1期目の決算書提出後すぐ

・2017年7月　500万円（三井住友銀行）

・2017年9月　50万円（興産信用金庫）

【3期目】

・2017年12月　2000万円（公庫）
・2017年12月　500万円（興産信用金庫）
・2018年2月　350万円（西武信用金庫）
・2018年6月　500万円（巣鴨信用金庫）
・2018年6月　2500万円（東日本銀行）
・2018年8月　500万円（きらぼし銀行）

【4期目】
・2019年1月　1700万円（商工中金）
・2019年6月　2000万円（三井住友銀行）
・2019年6月　2500万円（東日本銀行）

【5期目】
・2020年1月　1500万円（商工中金）
・2020年2月　1000万円（興産信用金庫）
・2020年4月　4800万円（うち2800万円は借換、公庫）

・２０２０年７月　６０００万円（三井住友銀行）
・２０２０年９月　１５８４万円（借換、興産信用金庫）
・２０２０年９月　１０００万円（うち５００万円は借換、巣鴨信用金庫）
・２０２０年10月　５００万円（うち２００万円は借換、きらぼし銀行）

【6期目】
・２０２１年１月　８０００万円（りそな銀行）

となります。

「そんなに借りてどうするの？」「多額の借金を抱えて財務基盤は大丈夫なのか？」と思う方もいることでしょう。

しかし、返済は順調に行われていますし、資金を元手に必要な投資をしていくことで、利益は返済額を上回る水準を達成しています。お金に困って借入をしているわけではないので、調達した資金を使い果たすこともなく、手元には常に2億円ほどの現預金が蓄積されています。

会社の倒産理由は「借金がある」からではなく「現金がない」こと

こうして余剰資金を蓄えておけば新しい事業を始めたいときも、〝思い立ったが吉日〟で、チャンスを逃すことなくスタートできますし、オフィスや給与水準などの雇用環境も整備できます。将来的な売上を担う良い人材の獲得も実現します。

新たな集客やマーケティングの施策も、思い切ってチャレンジすることができます。

なにより資金繰りに追われることもなく、気持ちの余裕があるのは大きなポイントです。目先の数字にとらわれることなく、やるべき事業に注力でき、本当に必要な投資の見極めも冷静にできます。

「融資によって余剰資金が生まれる→投資ができる→売上・利益につながる→さらに融資を受けやすくなる」といった、事業における好循環を、身をもって感じています。

しかし、最初から私が恵まれた状況にいたかというと、そうではありません。会社を立ち上げた時点では社員は2人、資本金400万円。創業1年目は年商2500万円の売上が立ったことで、1期目はなんとか50万円程度の黒字を達成できましたが、もともとは

「1000万円の売上が達成できればなんとかなるかな」という手堅い事業プランのもと、会社立ち上げと同時に800万円の融資を引っ張ることができました。

この創業融資に成功していなかったら、気持ちの余裕もお金の余裕もないまま、人材の獲得や新しいサイトの立ち上げにも積極的に取り組むことができず、今の成長はなかったと思います。

繰り返しになりますが、創業してすぐ800万円の融資を受けたからこそ今があると思います。創業してすぐ借りるというのが本当に大切なことなのです。

1章でも触れたように、会社が潰れる第一の理由は「資金がなくなること」です。会社が倒産するのは「借金が多い」からではなく、「現預金がない」からなのです。つまり大事なのは、できるだけの備えをして、手元の現預金を厚くすること。

そして、手元に余剰資金をもつことで、より有利な条件で借入をしていき、経営、財務基盤を安定させることなのです。

傾向と対策を知り、備えさえすれば誰でも融資はクリアできる

融資の具体的なノウハウはこれから解説していきますが、目指すロードマップのポイントは大きく2つあります。

1　経営が苦しくなる前の創業時に早めに手を打つ。

2　創業1～2年の間に2～3行以上の金融機関と付き合う。

そのためには、待ちの姿勢ではなく、創業前からの相応の準備、さらに創業後も気を抜くことなく、2～3年目に向けた戦略、備えが必須です。

私が多額の融資に成功したのは、決してレアケースではありません。お客さまの成功事例を見ても、傾向と対策をしっかり練り、準備さえすれば、融資のハードルは決して高いものではありません。金融機関が〝貸したくなる〟条件とタイミングを知り、そこに向けた備えさえしっかりしていれば、誰でも資金調達は可能なのです。

それでは、「創業前」「創業直後」「創業1年目」「創業2年目以降」という時系列に区切り、成長ステージに合わせた融資を受けるコツについて解説していきます。

《創業前》公庫からの借入で、自己資金＋αのお金を準備する

秘訣1／38 融資を受ける最大のチャンスは〝創業前〟

日本政策金融公庫とは、１００％政府出資の金融機関であり、政策に基づいて中小企業や個人事業主の資金調達ニーズに積極的に対応しているのが特徴です。では、なぜ創業前に、公庫を味方につけることが大事なのかを解説していきましょう。

「雨が降る前に、晴れのうちに傘を借りるべし」。会社の業績が悪化する前に資金調達をする重要性については、すでに申し上げたとおりです。

ではその最大のチャンスはいつでしょうか。好調な業績をキープし続けられれば、時期を選ぶ必要はありませんが、商売は浮き沈みがあるのが常です。

ビジネスを始める際には創業資金が確実にかかる一方で、売上は見通しが立ちにくいものです。売上が安定し、黒字転換するには、平均して創業後６～７カ月かかります。

経営がどうなるか分からないならば、数字で明確に〝通信簿〟、つまり業績が明らかに

なる創業前に借入を実践します。これが創業後、1～2年で資金が枯渇するようなリスクに対する布石となり、金融機関にとっても「計画性をもって資金調達を実践している」という評価につながるのです。

創業から時間が経つほど、業績次第で借入のハードルは上がる

創業前融資の最大のメリットは、決算書（個人事業主の場合は、確定申告書類や売上実績）がなくても借りられることです。

審査の基準となるのは、創業前の会社員時代の経験値などの経歴、自己資金、さらに事業プランが明確か、将来性があるかどうかです。

〝商売は水物〟で、蓋を開けてみなければ分からないものですが、創業前に限っていえば、計画性をもって、事業につながる一定の経験を積み、自己資金を貯め、事業プランをしっかりと練っておきさえすれば融資を受けられる可能性は高いのです。

逆にいえば、創業前なら借りられたものを、創業半年経ったところで業績が赤字になってしまったゆえ、〝借りられない人〟へと転落してしまうケースも多々あります。

創業当初は、最初にかかる設備資金をはじめ、あれこれと持ち出しが多く、貯えたつもりの現預金もみるみるうちに減っていきます。時間が経ち、手元資金がなくなり、業績が数値でクリアになってくるほど、資金調達は難しくなるのです。

だからこそ、いちばん借りやすい創業前・創業時に融資を受け、余剰資金をつくっておく。こうして借入れと返済の実績を積むことが、その後の融資につながっていくのです。

事例　創業前の融資900万円で売上低迷を乗り切ったAさんと融資を受けずに失敗したBさん

創業前の融資の実践の有無によって、経営の明暗を分けたAさんとBさんのケースをご紹介しましょう。

Aさんは脱サラで飲食店を開業。数年かけて競合店も研究し、こだわりのメニュー、内装でオープンにこぎつけます。ところが予算の関係で立地がいまひとつ辺鄙だったこともあり、たちまち鳴かず飛ばずの閑古鳥状態に陥ります。

毎日、せっかく仕込んだ料理や食材をやむなく破棄するような苦しい数カ月を過ごすことになりますが、そのときの生活の支えとなったのが、創業時に受けた融資の９００万円でした。

Aさんは、綿密な独立プランを立て、会社員時代に貯めた預金も潤沢にあり、店舗資金も自己資金内でまかなうことができました。必ずしも融資を受ける必要性はなかったのですが、自己資金があったことと事業計画がしっかりしていたこともあり、融資を受けることが可能と分かり、「万が一のために借りておこう」と決断したのが功を奏したのです。

その結果、利益がほぼゼロの状態が続くなかでも、メニューや業態を再考し、リスタート。見事、経営を立て直すことに成功したのです。

もう一人のBさんは、不動産会社勤務を経て、不動産販売のビジネスで独立。前の会社では敏腕営業マンとして知られ、最初から好立地に広い事務所を構え、スタッフも雇用し、万全の体制で独立を果たします。

自己資金とキャリアから見ても、融資を引き出せる素養を兼ね備えていたものの、自信があったのでしょう。融資を受けることなく事業をスタートしました。

ところが、運悪く不動産市況が陰りを見せ始めた時期と重なり、売上がダウン。家賃の安いオフィスに移転し、スタッフも減らしたところで、金融機関にも融資を申込みますが、売上、利益とも低迷している状況で貸してくれる銀行は現れません。

結局、借入ができないまま、資金が枯渇。会社をたたみ、再び会社員に戻ることとなりました。

ビジネスに〝絶対〟はありません。ならば、借入ができるときに借りておく。資金についても創業前からの万が一に備えた融資の実践が成功のカギを握るのです。

秘訣2／38　創業融資の審査は「自己資金×経験値」で決まる

金融機関の融資に対する本音は、「貸したら返してくれる人に貸したい」というものです。その「返してくれるのか」の基準が自己資金と経験値、そして信用情報になります。

ここでは自己資金と経験値について、注意するべきポイントを解説していきましょう。

まず、自己資金はいくらあればいいのか。創業支援に力を入れている公庫の「新創業融資制度」では、融資の上限として「自己資金の9倍」と謳われていますが、実際には2～5倍程度が目安となります。

もう一つの制度「中小企業経営力強化資金」には、自己資金の要件はありません。だからといって自己資金がゼロでは融資を受けることはまず難しいといえます。

自己資金は多いに越したことはありませんが、高額ならば無条件にOKというわけではありません。数十万円の自己資金でも融資に成功している人もいれば、数百万円の自己資金を用意しても融資に失敗している場合もあるのです。

その詳細に関しては、追い追い解説していきますが、一ついえるのは自己資金だけで融資の審査が決まるのではなく、経験値やビジネスプラン、そのほか、熱意などの掛け合わせで判断されるということです。また、額の多寡だけでなく、入手ルートも大事な要素です。

貯めておくべき額の目安を挙げるならば、先の「新創業融資制度」では創業資金10分の1以上の額が要件となっています。1000万円借りるとして、最低でも100万円程度は頑張って貯めておきましょう。

未経験の分野はアルバイトでも半年〜1年間は経験値を積む

経験値については、これから始める事業に関して経験値があるかが問われます。まったくの未経験ならば、アルバイトでいいので最低でも半年〜1年ほどの経験を積んでから申込みをするのが、融資を成功させるポイントです。

経験値で高評価を得るためには、6年以上の経験値が欲しいところですが、さすがにそこまで時間をかけられないという方は、最低でも半年〜1年程度は、経験を積んだほうが融資を受けやすいです。もちろん経験は長ければ長いだけ評価が高くなるということも覚えておきましょう。

花屋を開きたいのであれば、花屋でのアルバイト。焼肉屋を開きたいのであれば、焼肉屋でのアルバイト。どんなに本やネットで情報を得ても、実際に働かなくては分からないことも多くあります。

将来的にビジネスを成功させるためにも、独立前に同業他社で働き、業界の知識や経営ノウハウをしっかり吸収し、融資の面談の際にきちんとアピールすることが肝心です。

秘訣3／38 正しい自己資金とそうでない自己資金の違いを知る

自己資金については、額だけでなく中身も問われます。いや、むしろ中身こそがシビアにチェックされるといっていいでしょう。

同じ額でも自分で貯めたのか、あるいは他人から借りたのか、入手ルートによっても、融資の審査では評価が異なります。うなるほどの多額の資金が口座にあったとしても、自己資金とさえ認められないこともあります。

つまり、自己資金には正しい自己資金とそうでない自己資金があるのです。

いちばん強いのは自分で貯めたお金、次は配偶者の通帳のお金

最も評価の高い〝正統派〟は、自分でコツコツと貯めたお金です。

例えば、同じ100万円でも、会社員時代に給与から毎月、定期積立で預金100万円

を貯めた人と、親から100万円をポンともらった人では、どちらが返済に関して信頼できそうでしょうか。

もしあなた自身が融資する側に立ったとしても、どちらか一人にだけ貸すなら、前者を選ぶのではないでしょうか。

金融機関は、自己資金をチェックする際に、通帳原本を必ず確認します。そこで見るのは貯まっている額だけではありません。お金の貯め方のプロセスをチェックしているのです。ここで毎月、コツコツ定額が積み上がっている状態であれば、毎月の返済もしっかり実践してくれることが期待できます。融資した資金も、ムダに散財することなく、計画性をもってビジネスの成長に活かしていくだろうと判断されるわけです。

もちろん、親からの援助も自己資金に含めることはできますが、評価は下がります。自己資金を見る際には、創業時に「いくらお金をもっているか」だけでなく、事業の将来性、本気度をも判断されるのです。

自分で貯めた資金に次いで、評価が高いのが一緒に住んでいる家族、配偶者の預金です。

特に飲食店や美容室などの店舗ビジネスの場合、夫婦経営で成功している会社、事業所が多く見られます。フランチャイズなどでは、夫婦での経営が条件となるようなケースもあります。

生計を一にしている配偶者が、万が一の際に自身の預金を提供することが可能ということは、起業に協力的であると判断されます。

二人で協力し合って、コツコツとお金を貯めてきたケースならば、さらに評価が高まります。目的をもって計画的にお金を貯めてきた人の数が一人よりも二人のほうが、お金を貸す側としても返済される可能性が高まり、安心できるわけです。

家族経営ならば人件費がかからないのもメリットです。売上が上がりにくい創業初期も、コスト過多にならないことがプラスに評価されるのです。

この場合、配偶者の通帳を提出したほうが有利になります。親から贈与を受けた場合も同様に親の通帳のコピーを準備したほうが有利になります。

自己資金が足りなければ、余剰財産を探す

コツコツと貯めたお金もなければ、配偶者の通帳もアテにできない。しかし、キャリア(経験値)はあるので、なんとか融資を受けたい。

そんな方を私の会社でサポートする際に実践するのが、〝余剰財産〟探しです。

余剰財産とは、現金以外の資産を指します。例えば解約返戻金付き保険に入っていれば、解約返戻金の額が余剰財産として見てもらえます。金融資産があればそれも該当します。

余剰財産があれば、万が一業績が悪くなっても、その財産を切り崩してしばらくは営業し続け、お金を返してくれるだろう!という判断をしてもらえることから、余剰財産があればあるだけ融資を受けやすくなります。

いくら額が多くてもこんな〝見せ金〟はNG

一方、通帳にいくら相応の金額があったとしても、認められない自己資金があります。つまり〝正しくない自己資金〟です。

その代表が通称「見せ金」です。見せ金とは、相手を信用させるために、文字どおり〝見せる（ためだけの）お金〟を意味します。

例えば、今は資本金1円から設立可能な株式会社も、以前は資本金1000万円を用意する必要がありました。1000万円といえば、そう簡単には貯められない額です。

そこで、十分な資金が用意できない場合、一時的に第三者機関、カードローン会社などから借入をして資本金として見せるという手法が使われた時代がありました。表面上、資本金を満たす資金力があると法務局を信用させる方法ですが、これは場合によっては違法となります。

この方法を、融資を受ける際に使うのです。一時的にカードローンや他人から借金をしてお金を振り込み、その通帳を提示し自己資金があるように見せるやり方です。これは犯罪ではありませんが、まず十中八九、ウソは見破られるので注意が必要です。

なぜ〝見せ金〟は、バレてしまうのでしょうか。

〝見せ金〟と疑われる典型的なケースが、通帳に毎月定額収入ではなく、一時的に高額な収入があった場合です。

例えば、過去1年以上、無収入なのに、通帳の口座にいきなり数百万円の入金があったらどうでしょうか。

もちろん、いきなり何百万円単位の大金が通帳に振込まれても、本人名義の株や保険を解約した一時金として判断されれば問題はありません。「相続で得たお金」ならば、証明書類などを一緒に提出すればＯＫです。審査では、申込者本人の個人通帳（会社で借りる場合は法人口座の通帳）だけでなく融資を申込んだ年からさかのぼり、２年前までの確定申告書または源泉徴収票も提出します。

しかし、他人名義やカードローン会社の名義で融資の審査の直前に、通帳にお金が振込まれている場合、あるいは証明書類がないお金の場合、必ず面談で「このお金はどういうお金ですか？」と尋ねられることになります。

口からデマカセで「宝くじに当たった」「自宅に貯めておいたタンス預金を振込みました」などと主張するような方もいますが、口座にまったく貯金がない方が、自宅に数百万円の現金があるというのも、不自然な話です。

実際、私のお客さまでもコツコツと５００円玉預金で、自己資金を貯めた方がいらっ

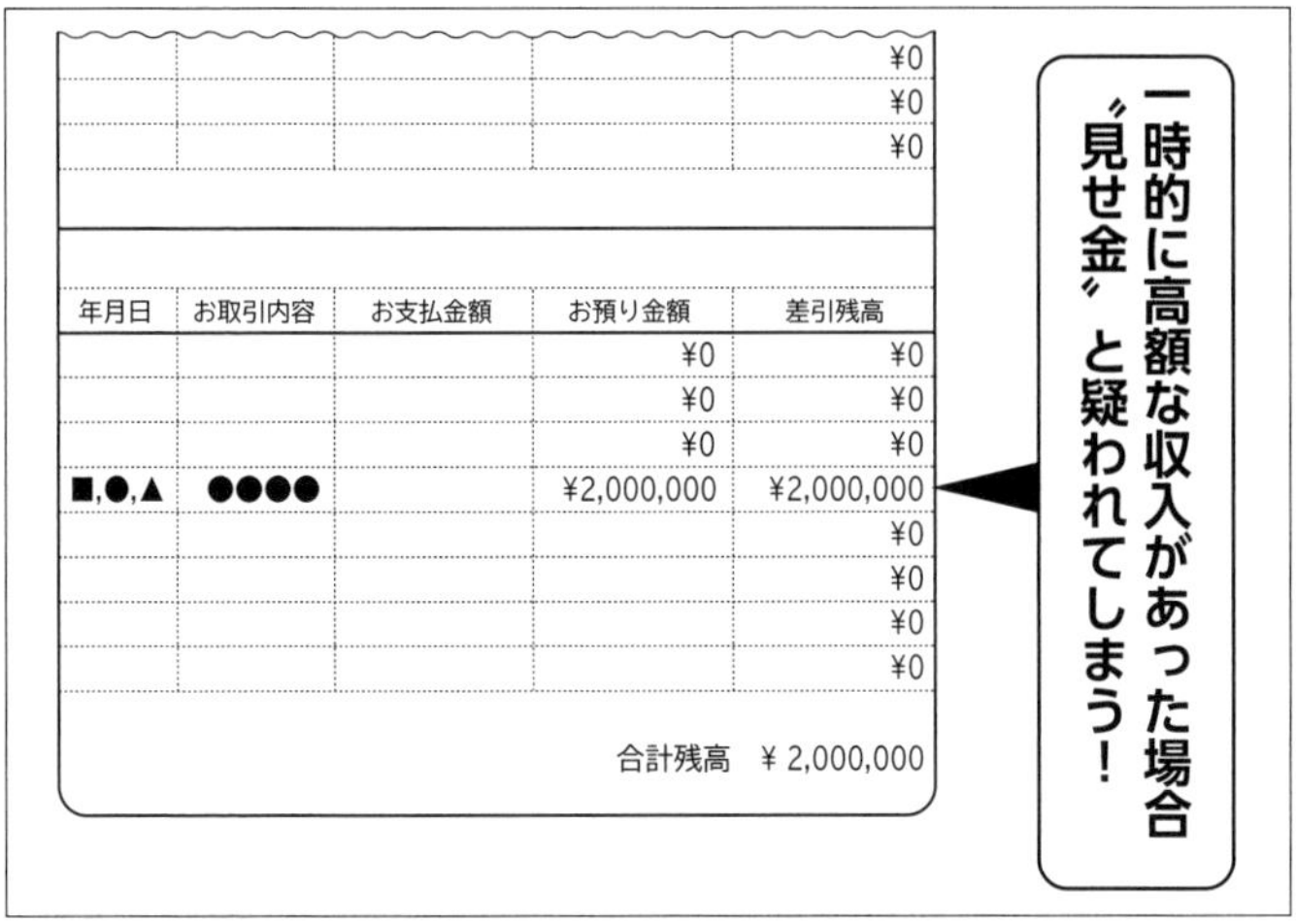

図表２　振込人が個人名義の場合も疑われるリスクの図

しゃいました。このケースでは貯金を銀行に預け入れて通帳記入することで、自己資金として認められましたが、こうしたタンス預金も場合によっては〝見せ金〟と判断されてしまうリスクもあります。

振込人が個人名義の場合も疑われるリスク大

一度にではなく定額ずつの振込みでも、振込人の名義が個人名の場合、定額収入ではなく、この人物からお金を借りているのではと疑われます。

また、法人で借りる場合、資本金がすぐに通帳から引き出されていたりすると〝見せ金〟と判断されるためNGです。

新たに法人口座をつくって、個人の預金口座から資本金を入金する場合、そのお金の流れも見られます。法人口座に入金されたお金が果たして自分で貯めたものなのか、見せ金ではないのか。法人口座と個人口座両方の通帳の提出が求められます。

通帳を提出する際には、税金や公共料金を滞納せずに払っているかも確認されます。通帳は、最低でも半年分はチェックされますので、入出金とともに事前対策が肝心です。

金融機関の担当者は審査の現場に何度も立ち会ってきたプロですから、付け焼刃の小細工は簡単に見破られます。

そして、公庫の審査で一度断られると、しばらくの間は融資を受けたいと思っても門前払いされ、審査にこぎつけることさえ難しくなります。

見え透いたウソでチャンスを無駄にすることのないよう、独立を志すならば、創業前の最低1年間は頑張って、100万円程度の預金はしておくようにしましょう。

もちろん少しずつ通帳に入金しながら貯めるようにしましょう。

秘訣4／38

金融ブラックは要注意。自分プラス家族の信用情報もチェックする

Ｐ43のチェックリストで挙げたように、「クレジット事故を起こしたことがある」、「携帯代の支払いを遅延したことがある」方は、審査に落ちてしまうリスクが高まります。「黙っていればバレないのでは？」と思われるかもしれませんが、そう甘くはありません。

シー・アイ・シー（ＣＩＣ）という会社があります。適正なクレジット・ローン取引のために、クレジット会社や金融機関などが共同出資した会社で、消費者のクレジットやローン利用に関する信用情報の収集・管理・提供・開示を行っています。

借入を申込むと、金融機関はＣＩＣの信用情報を確認し、お金を貸すかを判断しています。ここで信用情報にキズがあると判明すると、融資が難しくなります。

実はＣＩＣは、加盟する金融関連会社だけでなく、借入をする本人も申込めば自身の信用情報を開示し、確認することができます。

「口座の残高が足りなくて支払いが遅れてしまったことがある」などの、うっかり起こってしまった遅延も含め、心配な方は一度自分でＣＩＣの情報をチェックしておくことをオススメします。

方法は簡単です。パソコンやスマートフォンで、ＣＩＣのホームページから「自分の信用情報を確認」のページを選び、指示に沿って手続きをすれば、ＰＤＦで開示報告書を取得することができます。開示の手数料は１０００円で支払いはクレジットカードのみとなります。

クレジットカードをもっていない場合は郵送やＣＩＣ窓口での開示も可能です。また、消費者金融系の信用情報については、「日本信用情報機構（ＪＩＣＣ）」のサイト内でチェックできます。

金融ブラックを隠すと、さらに心証が悪くなる

では、信用情報がブラックな人は、絶対に融資を受けられないのかというと、公庫の審査についていえば、１００％不可とはいえません。

ブラック情報が消えるまでの5〜7年の間も申込みは可能です。ブラックか否かだけで不可ということではなく、ビジネスプランや今後の返済能力も加味したうえで審査となります。

いちばんのマイナス評価となるのが、金融ブラックであることを隠してバレた場合です。配偶者と一緒にビジネスをする場合は、家族のブラック情報も含めて、事前に調べておきましょう。

事例　過去に任意整理をしても完済したことで、７００万円の借入に成功したCさん

債務整理の方法には、自己破産や借金額を圧縮する任意整理、個人再生などの手段がありますが、私のお客さまで7〜8年前に任意整理をした方で融資に成功した方がいらっしゃいます。

Cさんとしましょう。実はその事実が発覚したのが、融資の面談後。Cさんから慌てた

様子でかかってきた1本の電話でした。

「田原さん！　すみません。実は過去に任意整理していたことを面談の担当者から突っ込まれまして……」

「えっ……私との面談では、そんなお話されてなかったですよね？」

「はい。実は支払い忘れていた借入金が5万円残っていたことを失念していました」

「なるほど……。分かりました。じゃあ直ちに返済しましょう！」

「返済すればなんとかなるんですね」

そんな会話を経て、Cさんには即、対処に動いてもらいました。

自己破産はかなり厳しい……。任意整理、個人再生ならチャンスあり

ネガティブな事実が判明したことで、公庫からの印象は下がりますが、借金全額をキレイに返済していれば制度上は融資が可能です。さらに、直近で債務整理を行った場合、融資は困難となりますが、5年以上経過していれば可能性はあります。

Cさんの場合、債務整理のほかの条件としては、自己資金50万円、親からの借入が

150万円で合計200万円が通帳に入っている状態でした。

成否の可能性は半々といった条件でしたが、結果としては希望額満額の700万円の融資に成功しました。これも返済を完了したことと、親御さんの協力があったこと、さらに創業計画書などがしっかりしていたことが決め手となりました。また、私は公庫の資金調達実績が豊富であるため、スピーディに完済の手続きができたことも、後押し材料になりました。

自己破産の場合はハードルが高くなりますが、任意整理や個人再生の場合は、5年以上経過をしていれば可能性はあります。もちろん信用情報にキズがないに越したことはありませんが、やや厳しい条件でも、融資アドバイザーの知恵を借りることで、クリアできるケースもあります。あきらめずに相談してみることをお勧めします。

秘訣5／38 運転資金と設備資金の違いを知る

融資を受ける前に、押さえておくべきポイントがあります。それはトータルで資金がいくらあれば、事業の立ち上げが可能かということです。

融資を受けるにせよ、自己資金を貯めるにせよ、ゴールの目安を見定めるのが先決です。まずはざっくりと世間の相場を見ていきましょう。

公庫の「2020年度新規開業実態調査」によると、開業資金自体は減少傾向にあります。

平均は989万円ですが、500万円未満が全体の40％超を占め、約30％が500～1000万円未満で独立開業を実現しています。

無論、必要となる資金は業種ややり方によっても大きく異なりますが、見積もっていくうえで知っておきたいのが事業にかかる資金には2つのタイプがあるということです。

創業時にかかる設備資金と、その後にかかる運転資金です。

両者は資金の性格が違えば、審査の際の基準も異なります。融資を申込む際に提出する「創業計画書」（あるいは事業計画書）では、2つの資金を明確に区別し、それぞれ必要な額と内訳を記入しなければなりません。

審査では額に関して具体的な裏付けも求められますので、まずはそれぞれの定義を押さえておきましょう。

・**設備資金**

創業時の設備投資に必要な資金、会計上では「(固定) 資産」に位置付けられるものです。資産には有形 (形のあるもの) だけでなく、無形 (形のないもの) も含まれます。具体的には、不動産初期費用 (テナントの契約金)、店舗の内装・外装費、機械設備、ホームページ作成費用、パソコン、電話、机、その他備品などが挙げられます。

・**運転資金**

会社や事業を回していく (運転していく) うえで継続的にかかる費用。設備資金に該当しない費用になります。

具体的には商品仕入、人件費、外注費、広告宣伝費、地代家賃、消耗費などです。

業界別にかかる費用の内訳を見ていくと、飲食業ならば「厨房機器や調理器具」「店舗の内外装費用」「店舗の契約費用」などが設備資金。その後、店舗を経営していくうえで必要な運転資金としては、「人件費」「仕入れ費用」「毎月の家賃」などが挙げられます。

これらを合算して、飲食店の開業資金としては平均して1000万円程度、同じく店舗が必要となる美容室の場合、500万円程度から開業可能ですが、シャンプー機器などに資金をかけると3000万円程度かかるときもあります。

医院の場合も診察に必要な機器を購入すると、最低でも1000万円、高価な機器に多額な費用を投資した場合、1億円程度かかるケースもあります。

つまり、設備投資をどれだけするかで、必要な資金の額は大きく変わってきます。

設備資金は見積書の提出が必須。設備資金の購入以外の運転資金は見積書が不要

それぞれの費用項目を区別するとともに、大前提となる注意点が「設備資金は設備の購入、投資にしか使用することができない」ということです。

開業資金がかさむ店舗ビジネスで時折見られるのが、内外装費といった設備投資に費用をかけ過ぎて、開業後の運転資金が足りなくなってしまうケースです。

のちに解説しますが、設備資金と運転資金では、設備投資のほうが高額の借入がしやす

くなります。ならば設備資金を実際に使う金額よりも多めに借りて、運転資金が足りなくなったらそっちに回せばいいと思うかもしれませんが、残念ながら基本的には認められません。

また、運転資金については目安の金額が決まっている点にも注意が必要です。

創業時には「オシャレな店にしたい」「最新の設備を入れたい」と夢がふくらむままに、コストの設定も跳ね上がりがちですが、こと融資の審査に関しては、自己資金の額や経験値によって予算の〝妥当性〟が重視されます。

あまりに借入の希望額が妥当な金額よりかい離していると、計画性がないと判断され、1円も融資が受けられないこともあります。

相場より高い、あるいは身の丈に合わない設備投資を見積もっても、売上アップに結びつくという説得力あるストーリーがなければ、減額される、あるいは融資自体がNGとなるリスクが高いということも押さえておきましょう。

秘訣6／38 設備資金の融資は、相場観を踏まえ数値の根拠をクリアにする

設備資金と運転資金の2つの事業資金では、借りやすさに大きな違いがあります。どちらが多く借入がしやすいかというと、前者の設備資金です。別の言い方をすれば、設備投資がない会社は、創業時に資金を多く借りにくいというのが実態です。

同じ事業に必要な資金なのになぜ差があるのかというと、理由はシンプル。設備投資のほうが、使い道が明らかだからです。

P75の設備資金、運転資金の項目ラインアップを見ても、内外装費やテナント契約金は、見積もりの提出が求められるため、自ずと使用用途・金額も明確になります。一方、創業後にかかる仕入れ、人件費や外注費、広告宣伝費などは、業績次第で増減するため、当初の想定より大きく変わってくるケースもあります。

金融機関に融資を受ける際には、「何にいくら使うために借りるのか」の根拠が必ず求められ、使途が不明なものに対しての融資は認められません。

大前提として、設備資金にせよ運転資金にせよ、事業のために必要なお金しか借りるこ

とはできません。投資や私的な用途での融資は不可です。

よって、創業から時間を経て「業績が好調」「手元資金が潤沢にある」といった例外を除けば、上限額の範囲内で使途に合わせて必要かつ妥当な額だけ融資を受けられるというのが原則です。

設備資金は世間の相場、自身の経験値も踏まえて妥当な額を探る

では、設備資金を見積もるうえでのポイントを見ていきましょう。

1　事業を始める際に必要であること

設備資金は開業前、あるいは開業直後に購入にあてるのが一般的です。

2　設備資金の支出の裏付け資料を用意

内外装費や店舗の保証金などは見積書を用意しましょう。備品などは、ECサイトなどの価格表でも構いませんので、何か裏付けとなる資料を添付するのがベターです。

金融機関によっては、領収書の提示、支払いも融資の入金口座からの振込みが条件となります。

3　設備投資の効果を示す

投資によって、その資産が売上につながる根拠が必要となります。高額な医療機器や最新の機械設備、ソフトウェアなどを購入する場合は、その効果を分かりやすく示す資料を別途用意するようにしましょう。

4　資産ごとの金額の妥当性を示す

世間の相場を大きく超えるような設備投資を見積もっても、そのとおりに融資を受けるのはハードルが高くなります。

融資担当者は、数多くの案件を見ていますので、世間の相場観とも照らし合わせ、金銭的に妥当なのかを判断します。

例えば、内装工事については、業種によって異なることもありますがおおよそ坪単価30～50万円が妥当とされています。それよりも内装費を高く見積もるなら、なぜその必要があるのかを説明する必要があり、説得力が求められます。

妥当な額は借りる人の属性によっても異なります。例えば同じ飲食店を開く場合でも、星付きのレストランで修業し、年収1000万円程度の総料理長が好立地で内外装に凝った高級レストランを開くのと、脱サラの初心者が立ち飲み屋を開くのでは、設備投資プランも変われば、必要と認められる資金も変わってきます。融資額の目安も当然、変わってきます。

もちろん、自己資金の額によって融資額も変わりますが、経験値に沿わないような家賃が高いテナントを借りようとしてもリスクが高いと判断され、希望する融資額が認められないケースが出てきます。ターゲットとする顧客層や想定メニュー、客単価との整合性にも留意する必要があります。

いい物件は〝仮押さえ（仮申込み）〟で融資に臨む

また、融資を申込む際には、開業地、店舗ビジネスならば借りる店舗が決まっていることが大前提となります。

しかし、首都圏ではいい物件の争奪戦は熾烈を極め、立地によっても保証金や家賃が大きく異なります。自己資金が潤沢でなく、開業資金の多くを融資でまかないたい場合は、まずは専門家の助けも借りながら自分がどの程度の借入ができるかどうか目安をつけてから、動くほうが効率的といえます。

さらに、融資が決まる前に、物件を押さえておきたい場合、まずは仮契約、あるいは必要に応じて手付金だけ打っておきましょう。融資が決まってから契約という段取りにしておけば、万が一、融資がうまくいかなかった場合のリスクを抑えることができます。

公庫から融資を受ける場合には、融資が確定したあとに、物件の契約をしてもよいのですが、民間の金融機関から融資を受ける場合には、すでに物件の契約をしていなければ基本的に融資を受けることはできません。

１００％融資に成功する！という完璧な準備をしてきた方であればよいのですが、融資に少しでも不安がある方は、まずは物件を仮押さえ（仮申込み）をしていただき、融資が確定してから不動産を契約すべきでしょう。つまり、リスクを軽減させて進めたい！という方は公庫から資金調達するという選択肢しかありません。

申請した設備資金は基本的に購入にあてなければならない！

最後に注意点として、民間の金融機関の場合、借りたお金が振込まれる前に、振込用紙に記載させられ、融資が受けられた瞬間に、設備を購入する予定の会社へ直接振込まれます。

やっぱりこの設備は不要だった！とならないようにしっかり計画してください。

設備資金に対する融資について、民間の金融機関に比べ、公庫は厳格ではないため、設備の購入先の業者の変更も可能ですし、想定よりも多少安く購入できたとしても問題がないこともあります。

ただし、基本的には、計画どおりに設備を購入しなければならないと考えてください。

秘訣7／38　運転資金は月商の3カ月分が限界と知る

運転資金は、設備資金と異なり、見積もりを求められたり、融資後に使い道について逐一チェックされたりすることはありませんが、収支計画の内容と整合しているかは大事なポイントとなります。

また、運転資金は借入額上限が決まっており、月商の2～3カ月分が目安となります。

月の売上が２００万円とすると、運転資金として借りられる上限は、６００万円程度ということになります。

よって、設備投資がない業種の場合、多く借りたいと思っても、借入額をアップすることが難しくなります。特に、創業後、数年経ってからの運転資金の借入は希望額どおりにはいかないケースが大半ですので、設備資金も含めた創業時の融資の実践が肝要です。

創業2年目の人材派遣の会社の融資をサポートしたケースをご紹介しましょう。

機械設備や店舗の内装・外装などの設備投資がないため、借入額を伸ばすのが難しい状況でしたが、人材を10名採用したいということで、「10名分×4カ月分×人件費＝１０００万円」で公庫に相談をもちかけました。

結果はというと、半額の５００万円のみが認められました。もし利益が相応に出ていれば、希望の１０００万円を借りられたのですが、業績がやや悪い状況だったのが減額の評価となりました。

創業前・創業時に必要経費をしっかり洗い出す

また、公庫の見解としては、業績から勘案してまずは5名程度の採用を行い、様子を見て、「業績が上昇したら、また借りてください」というものでした。人件費という名目で融資をする以上、人材を採用しなければ目的と違うことに利用される可能性があるリスクを勘案したのでしょう。

この事例からも分かるように、創業後の融資は業績がチェックされるため、希望どおりの融資へのハードルが高くなります。

創業時になるべく必要な経費を洗い出し、融資額を多く引き出すとともに、半年程度は売上がゼロでも生活、事業が工面できるよう、6~7カ月分ぐらいの生活費は手元においておくようにしましょう。

秘訣8／38　融資を受ける前に「やるべきことリスト」をチェックする

ここでおさらいを含め、実際に金融機関に融資の申込みをする前に、やるべきことのリストを挙げます。

私のもとに寄せられる月1000件以上の融資のお問い合わせに対し、約6割の方には、必要な準備をしていただいてから再度、ご相談いただけるようお願いしています。

少し厳しい言い方になりますが、初めて問い合わせをしてきた段階では、やや安易に独立開業を考えている方が意外にも多いように感じます。甘い夢物語だけを追い求め、肝心の準備が不足しているケースが散見されます。

私が事業を立ち上げるにあたって、ミッションとして掲げたのが、当時国の成長戦略の一つだった企業の開業率10％達成に対し、その1％を私の会社で貢献するというものです。さらに起業家を増やすだけでなく、開業にこぎつけた方には、絶対に会社を潰してほしくないと考えています。

この決意は、この仕事を始めたばかりのときにサポートしたお客さまが早々に事業をたたむことになった反省から生まれたものです。「準備が足りない」「事業プランが甘い」と思ったら、いくらお客さまでもきちんとリスクを提言すべきであり、安易に手数料狙いのサービスを展開するべきではないと考えております。

以下に挙げたリストは、創業前にやっていただきたい必要最低限の10項目です。金融機関や融資アドバイザーなどにコンタクトを取る前に、自分がどの程度、準備ができているのかをチェックし、できていない項目については、早めにクリアしておきましょう。

1　開業予定地は決まっていますか。契約または仮押さえができていますか。
開業予定地が決まっていない場合、融資の申込みはできません。契約していなくても、仮押さえができていれば申込みはＯＫです。融資確定後、手続き中に開業予定地が変更になった場合、融資の手続きがやり直しになるため注意が必要です。

2　開業予定地でいくらの売上があれば、ギリギリ生活ができるか把握していますか。
毎月、どれぐらいのコストがかかるかを計算し、そのために最低限必要な売上を把握しておきましょう。売上の想定は、最低ラインで手堅く立てておくことが肝心です。

3　お金を借りた場合、毎月、いくらなら返済できるかを把握していますか。

毎月の売上からコストを引いた利益から、生活費、さらに借入金を返済しなければなりません。売上の回収に時間がかかる業種であれば、資金ショートに陥らないよう、厳しめに計算しておくことが大事です。

4　購入の必要があるものの予算は明確ですか。

融資を受けるにあたって、何にいくら使うかを明確にしなければなりません。とかく予定よりも購入するものは増加しがちです。事前にリストをまとめておきましょう。

5　売上見込みの計算をしたうえで、その根拠はクリアになっていますか。

売上見込みは、融資を受けるうえで非常に重要なポイントとなりますので、リサーチやシミュレーションは綿密に実践しましょう。

6　自己資金は用意できていますか。

自己資金は、最低100万円以上はないと融資は厳しくなります。頑張って毎月少しずつ貯めましょう。

7　家族と相談し、協力、理解を得ていますか。

□	1	開業予定地は決まっていますか。契約または仮押さえができていますか。
□	2	開業予定地でいくらの売上があれば、ギリギリ生活ができるか把握していますか。
□	3	お金を借りた場合、毎月、いくらなら返済できるかを把握していますか。
□	4	購入の必要があるものの予算は明確ですか。
□	5	売上見込みの計算をしたうえで、その根拠はクリアになっていますか。
□	6	自己資金は用意できていますか。
□	7	家族と相談し、協力、理解を得ていますか。
□	8	開業後のビジョンは明確ですか。
□	9	売上の入金が遅い業種の場合、入金までのお金は用意できますか。
□	10	取引先、仕入先は明確になっていますか。

図表３　融資を受ける前にチェックする「やるべきことリスト」

万が一、自己資金が少ない場合でも、資金面や仕事のサポートなど、家族の協力を受けることができると融資の加点要素になります。

8　開業後のビジョンは明確ですか。

事業を始めるための動機、成功するためのビジョンを明確にし、融資担当者に伝えることが、面談でも印象アップにつながります。

9　売上の入金が遅い業種の場合、入金までのお金は用意できますか。

建設・電子工事の請負事業や、保険診療報酬が入ってくるのが遅い病院など、入金に時間がかかる業種では、万が一、半年程度、入金額が少なくても大丈夫なように計画を立てましょう。

10　取引先、仕入先は明確になっていますか。

どこと取引をし、どこから何を仕入れるかが明確でなければビジネスは進みません。また、1社だけに依存するのではなく、相手先の倒産リスクも踏まえ、複数社擁しておくことが審査にもプラスに働きます。

秘訣9／38　融資の1行目は公庫で無担保・無保証で借りる

一口に金融機関といっても、世のなかにはさまざまなタイプの金融機関があります。大別すると民間の金融機関と政府系金融機関の2つがあります。前者がおなじみの都市銀行、地方銀行、さらに信用金庫や信用組合で、後者が日本政策金融公庫（以下、公庫）です。

これから開業する会社や個人事業主がまず当たるべき金融機関はどこかというと、公庫です。次いで、借りやすさでは信用金庫や信用組合、そして地方銀行、都市銀行の順番になります。

なぜ公庫が創業して間もない社長にオススメかというと、その理由は公庫の成り立ち、役割にあります。

政府系金融機関と呼ばれるとおり、公庫は政府が100％出資する金融機関です。その役目は、民間の金融機関では融資を受けることが難しい個人事業主や中小企業をサポートすること。政府が管轄する貸付専門の金融機関として、国の政策のもと、中小企業へのセーフティネット貸付や創業支援などで、日本経済の下支えをすることがミッションとなっています。

公庫の融資先の内訳を見ると、大半が従業員10人未満の個人事業主や中小企業で、1社あたりの平均融資額は600〜700万円程度。毎月2〜5万件ほどの融資を実施しています。金利水準は1〜2％台と低く、資金をはじめ経営リソースが乏しい小さな会社の力強い味方となっています。

無担保・無保証で利用できる創業融資制度は2つある

公庫の特徴は借りやすさだけではありません。創業時に公庫から融資を受けるべき理由はほかにも大きく2つが挙げられます。

一つ目が、創業時に、無担保・無保証で利用できる融資制度として「新創業融資制度」「中小企業経営力強化資金」の2つの制度が用意されていることです。

国を挙げて企業の開業率アップが目標に掲げられるなか、政策に従って、金利の優遇や制度の拡充も年々、推進される傾向にあります。

それぞれの内容について、見ていきましょう。

1 「新創業融資制度」

「新規開業資金」「女性、若者／シニア起業家資金」などの新創業融資制度（2018年8月24日付）を利用する際の無担保・無保証人の特例措置です。融資限度額は設備資金と運転資金の合計で最高3000万円、設備投資をしない企業であれば1500万円が上限となります。

しかし、3000万円という上限額は、支店の担当を経て、その後、本店を通過した最大値です。大半は支店決裁で決定するため、その支店枠は1000万円になると考えておきましょう。

金利は基準利率で2・06～2・45％になりますが、各融資制度の特別利率の条件を満たしている場合には、金利優遇を受けることができます。例えば、女性、35歳未満・55歳以上に該当し、「女性、若者／シニア起業家資金」を利用する際には、特別利率（特利A）が適用され、1・66～2・05％となります（利率はいずれも2021年9月1日現在）。その他、技術・ノウハウなどに新規性が認められた場合も金利が優遇されます（特利B）。
どちらにしても、銀行のカードローンなどが最低5％前後の金利と考えると、好条件の金利水準といえます。

返済期間については、運転資金で最長7年以内、設備資金は基本10年以内となります。そのうち、金利のみの返済でよい据え置き期間は2年以内となっています。

もし、1000万円を年利2％、5年返済で借りたとしたら（据置期間なし、元金均等）、支払利息総額は50万8306円。月にすれば、返済すべき利息は8500円弱程度。利息を事業が立ち行かなくなった場合の保険料と考えるならば、金利水準もリーズナブルです。

「新創業融資制度」を活用するには、次の3つの要件を満たす必要があります。

1つ目が、創業の時期です。新しく事業を始める人、あるいは事業を始めたばかりの個人の場合、2回目の確定申告の前まで、法人ならば2回目の決算前であることが条件となります。

２つ目が、雇用創出、経済活性化、勤務経験についての要件です。

次に挙げる３つのうち、いずれか１つを満たす人が対象となります。

・雇用の創出を伴う事業を始める人（雇用を生む事業であること）

・技術やサービスなどに工夫をこらし、多様なニーズに対応する事業を始める人

・前職と同じ業種の事業を始める方で、その企業に継続して６年以上勤務経験があるか、その企業と同じ業種に通算して６年以上携わった経歴をもつ人

３つ目が、自己資金が創業資金総額の10分の１以上あること。ただし株や不動産ではＮＧ。現預金に限ります。上限の１０００万円程度の融資を目指すなら、最低でも１００万円は貯めておくべきでしょう。

当然ですが借りる資金の使い道は事業に限ります。投資やプライベートでお金に困っているというケースはＮＧです。

２　「中小企業経営力強化資金」

新創業融資制度よりも融資の上限額は高く、事業資金を最高７２００万円（設備資金

2400万円＋運転資金4800万円）まで借りられます。

同制度を利用できるのは以下の条件に当てはまる方です。

・経営革新または異分野の中小企業と連携した新事業分野の開拓等により市場の創出・開拓（新規開業を行う場合を含む）を行おうとする人

一見難しい条件のようですが、要は市場の創出ができればＯＫ。どんな事業にも当てはまります。

・自ら事業計画の策定を行い、中小企業等経営強化法に定める認定経営革新等支援機関による指導および助言を受けている人

これは、認定支援機関という中小企業庁から認定を受けた専門家を通すことが条件となります。このほか、さまざまな特典があります。私の会社も認定支援機関の認定を受けています。

では、どちらを、どう選ぶべきかというと、新創業融資制度は創業2期（年）以内という条件を満たす会社、個人事業主のみが申込みできる制度です。そのほかの条件を満たせ

ば、自分自身で電話をして申込むことも可能なので、自分ですべて手続きをしたいと考えるならばこちらを選ぶことになります。

これに対し、中小企業経営力強化資金は創業7年以内の事業者であれば申込みは可能です。ただし、認定支援機関を通さないと申込むことはできません。

公庫には、支店決裁権と本社決裁という2通りの考え方があり、公庫のウェブサイトに記載されている融資限度額は本社決裁の額です。現実には、創業2年以内で本社決裁まで進むケースはほとんどなく、1000万円以内で決まるケースがほとんどです。経営計画を立てる際は、公庫から1000万円以上の融資を受けることを前提としないよう注意してください。

公庫のメリットとしては、ほかの金融機関に比べてスピード感をもって決裁が下りることも挙げられます。平均して2~3週間ぐらいで審査結果が分かり、申込みから融資されるまでの期間を含めると1カ月~1カ月半程度になります。そのほかの金融機関、信用金庫の場合、手続きも複雑になり、融資実行までに一般的に2カ月~3カ月程度がかかります。

もう一つ、最初に公庫で融資を受けるメリットとして、一度目の融資の審査にパスし、きちんと返済している場合、ほかの金融機関からの評価が上がり、その後、信用金庫などからの借入がしやすくなることが挙げられます。

一回目の借入を公庫で実践し、しっかりと事業で成功させることが、民間の金融機関からの借入の布石にもつながるのです。

秘訣10／38 公庫に融資を申込む際の手順を押さえる

ここでは、実際に公庫で融資を受ける際の手続きの流れを見ていきましょう。注意点としては、自分自身で申込みをして進めていく場合と、P124で紹介するように融資サポートを行っている認定支援機関を通すのとでは、多少の違いがあります。ここでは、自分自身で行う場合の手順について解説します。認定支援機関を利用する際の手続き、フローについてはP131をご参照ください。

1　電話かホームページで相談の予約をする

公庫に電話かWebの申込みフォームから相談申込みをします。インターネット申込みの際には、確定申告書などのアップロードを求められます。手順や必要書類については公庫のウェブサイトに詳しく書かれているので、「日本政策金融公庫　融資　インターネット申込み」で検索してみてください。

事前に質問や疑問がある場合は、申込む前に「事業資金相談ダイヤル」に電話をするのがオススメです。専門のスタッフが、初めて利用する人の疑問にも対応してくれます。

＊事業資金相談ダイヤル　0120-154-505（平日9時〜17時）

2　支店窓口を訪問する

予約した期日に開業地の管轄の支店の担当者を訪問します。そこで融資に関する具体的な相談に担当者が応じてくれます。

訪問の際は、申込み後に提出することになる創業計画書をホームページからダウンロードしたうえで、分かる部分を記載し、支店に持参します（書き方はP105を参照）。

図表4　融資を申込む際の必要書類

- ✔ 通帳コピー半年分
- ✔ 過去2年分の源泉徴収票か確定申告書
- ✔ 不動産の賃貸借契約書（店舗分・自宅分）　←店舗が未契約の場合は見積り等も可
- ✔ 運転免許証コピー
- ✔ 印鑑　←印鑑証明書と同様のもの
- ✔ 印鑑証明書
- ✔ 水道光熱費の支払い状況が確認できる書類（3か月分）

設備投資の方	設備投資のための見積書
法人の方	履歴事項全部証明書
担保を希望する方	不動産の登記簿謄本
借入金がある方	支払証明書　←・現在の借入残高・月々の支払額が確認できるもの
保険や投資をしている方	それが確認できるもの

3　必要な書類を準備する

必要書類は多岐にわたるため、事前に準備しておきましょう。インターネット申込みの場合は、予約の時点でアップロードを求められます。主な必要書類は次のようになります。

創業計画書（中小企業経営力強化資金の場合は「事業計画書」）、通帳コピー半年分、過去2年分の源泉徴収票か確定申告書、不動産の賃貸借契約書（店舗または自宅。未契約の場合は見積もりなども可）、運転免許証コピー、印鑑

証明書、印鑑（印鑑証明書と同じもの）、水道光熱費の支払状況が確認できる書類3カ月分
その他、設備投資がある場合は「設備投資のための見積書」、法人の場合は「履歴事項全部証明書」、担保融資を希望するならば「不動産の登記簿謄本」、借入金がある人は「支払証明書」（現在の借入残高、月々の支払額が分かるもの）、保険や投資をしている方はそれが確認できるものを準備しましょう。ケースによって必要書類の変更や追加が生じる場合もあるので、担当者に確認しましょう。

4　借入申込書、必要書類を提出

借入申込書を準備します。借入申込書のテンプレート、記入例は公庫のホームページからダウンロードできます。借入申込書と準備した必要書類を一緒に支店窓口に提出します。郵送での提出も可能です。

5　公庫の担当者と面談

申込書を提出した1～2週間後、公庫担当者と面談を行います。面談では申込み時に提

出した書類、主に創業計画書（あるいは事業計画書）を基に、担当者から質問を受けます。

6　担当者による現地調査・審査

面談後に担当者が実際に店舗や工場などの現地を訪れ、事実を確認し、審査の判断材料にすることがあります。審査期間は短ければ1週間ほど、長いと2週間以上かかることもあります。

7　融資の決定

審査が終了し、融資が決定となると必要書類が送られてきます。その書類に必要事項を記入し、返信用封筒に入れ、公庫へ送付します。送付した内容に誤りがあった場合、再提出となり、融資が振込まれるまでの時間が先延ばしになります。送付前に記入内容に誤りがないかをしっかりと確認しましょう。

審査に関しては、希望額の融資を受けられない、あるいは融資そのものが否決もしくは取消となるケースもあります。その場合、必ず担当者に理由を聞き、次の融資の備えとしましょう。また、借入契約書の作成には印紙が必要です。印紙代は借りる金額によって異なります。

8 融資額の振込み

送付した書類が公庫に到着後、3営業日後に指定した銀行口座に振込まれます。指定する入金口座は、現状では、ネットバンクへの着金は可能ですが、基本的には引き落としができないので、事前にネットバンク以外の銀行口座を準備しておきましょう。

9 返済

返済には据え置き期間を選択することができ、その期間中は利息のみの返済となり、据え置き期間終了後に元金を返済する流れになります。

返済は原則的に月賦払いとなり、支払日は「5日、10日、15日、20日、25日、末日」から選択できます。自分の会社の入金、支払いサイクルを踏まえ、返済日を決めるようにしましょう。

支払方法は、基本的に指定した金融機関からの送金になります。返済日を忘れないよう、銀行からの自動振替で返済をしていくのがベターです。

返済方法は元金均等返済となります。

・元金均等返済　毎月の支払い（元金）が毎回同じ金額での返済。毎回の返済額合計は元金＋元金残高に対する利息

自分で申込めば手数料0円。その分、手間と時間がかかる

手続きを自分で行うメリットは不要な手数料を払わなくていい、という点です。ただし、融資が初めての場合、慣れない書類作成をはじめ、時間や手間がかかるのが難点です。

自分で申込む場合と認定支援機関を通す場合の手続きの大きな違いは、先の申込みのステップでいうと、面談にこぎつけるまでの「必要書類の作成→準備→提出→面談日の決定」までの流れを任せられることです。また、面談には貸金業の登録を受けた業者が同席

することが認められています。

「融資についてはプロにお任せして、自分は本業の準備に専念したい」と考えるならば、融資の専門家である認定支援機関を通すのもいいでしょう。

とはいえ、ノープランではいくら認定支援機関を通したとしても、融資は受けられません。事業プランはもちろん、開業日に合わせて計画をしっかり練り、面談対策も入念に行うようにしましょう。

秘訣11／38　創業融資に受かりやすい「創業計画書」の書き方を押さえる

融資の際に必要な提出書類のなかでも、審査結果に大きく影響してくるのが「創業計画書」です。

すでに創業しているケースと違って、この創業計画書が「事業を成功させ、しっかりと返済できる能力があるか否か」を判断する材料となります。

「中小企業経営力強化資金」を利用する場合は創業計画書と「事業計画書」を提出するこ

とになり、より専門的な戦略、数値の記載が求められます。中小企業経営力強化資金の利用については、認定支援機関のサポートを受けることが必須となりますので、ここでは「新創業融資制度」で提出する「創業計画書」に絞り、項目ごとに書き方のコツを見ていきましょう。

1 創業の動機

事業に対する思い、事業のために重ねた経験、独立を決意した理由、達成したい目標をしっかりと伝えることがポイントです。達成したい目標が、絵空事ではなく、第三者から見ても実現可能であると思わせる説得力があり、熱意が感じられることも大事です。

2 経営者の略歴等

勤めていた会社名や役職、勤続年数、業務内容などの職務履歴を作成します。

ここでのポイントは「創業の動機」と、これまでの略歴がリンクしていることです。創業する業務内容の経験がどの程度あるか、つまり経験値が重要な判断基準となります。

「身につけた経験値を活かして開業する」というストーリー立てができれば問題ないでしょう。

例えば、飲食店ならば、店長の補佐をした経験がある、アルバイトリーダーとしてシフト作成をしていたなどの管理業務の経験値もアピール材料になります。

その他、取得した資格、特許・商標、コンピュータプログラムの著作権などの知的財産権があれば名称を記入します。

3　取扱商品・サービス

販売する商品や提供するサービスについて明記します。単純に商品名やサービス概要を記すだけでなく、「商品やサービスの具体的な優位性、セールスポイント」「ターゲット層にどうアプローチするか」「競合・市場環境を踏まえて、ライバルとどう差をつけるのか」を明確にすることが大事です。

サービス内容と販売ターゲット、販売戦略との整合性もポイントです。女性や若い世代をターゲットとする飲食店ならば、「ＷｅｂおよびＳＮＳ広告掲載による集客、ポイントカードの作成などでリピーター確保につなげる」など時流やメインに合わせた販売戦略を設定するようにしましょう。

今までに存在しない新しいビジネスモデルの場合、その仕組みがうまく伝わらないと融資のハードルが高くなります。その場合は商品やサービスの仕組みを図式化した別途資料などを用意するのがベターです。

4　取引先・取引関係等

販売先、仕入先、外注先を記入します。「ターゲットとする顧客層とその割合」「取り扱う商品の仕入れ先が決まっているか」などが見られます。

例えば、販売先が一般個人の場合は「一般個人」でシェアは「100%」、回収・支払いの条件は「即金」となります。

対会社のビジネスの場合は、販売先、仕入先ともに大手で安定している企業が複数社あれば、評価につながります。リストを作って提出するのもいいでしょう。

ちなみにシェア率の高い販売先、仕入先、外注先の経営状況を確認されるケースもあります。「経営状況が悪い」、あるいは「1社しかない」と融資に影響する可能性があります。今後、販売先が増える予定なのであれば、別途、見込み顧客リストを作成しておきましょう。

5　従業員

事業の見通しを立てたうえで、従業員を雇用する必要がある場合、雇用人数を明記します。

6　借入状況

創業し、融資を申込む本人の借入状況を記入します。

「記入しなければバレないのでは」と考える方もいますが、公庫では融資審査の際に、個人信用情報機関（CIC）を利用して申込者の借入状況や金融事故の有無を確認しています。ウソの記載は担当者の心証を悪くするだけです。初めから正直に記載しておきましょう。

また、借入があるからといって、必ずしもマイナスに働くわけではありません。カードローンやリボ払い、消費者金融からの借入は融資に影響する可能性がありますが、住宅ローンやカーローン、教育ローンなどは、遅延や延滞がなければ不利に働くケースはほぼありません。ただし、住宅ローンを組んだばかりだと、マイナスに働くこともあります。

また、法人で融資を受ける際にも、創業者本人の借金歴が審査の対象となります。個人事業主の場合も、ビジネス上の借入だけでなく、プライベート用の借金も明らかにする必要があります。

信用情報が心配な人は、事前にＣＩＣなどで確認しておくようにしましょう。

7　必要な資金と調達方法

開業にどれぐらいの資金が必要で、不足している資金の調達方法を書く欄があります。左側は開業資金となる「設備資金」と「運転資金」の2項目の内訳、右側が「調達方法」です。公庫からの借入希望額＝（設備資金＋運転資金）－（自己資金＋その他の借入）となり、左右の合計値が同じになります。

図表5　創業計画書

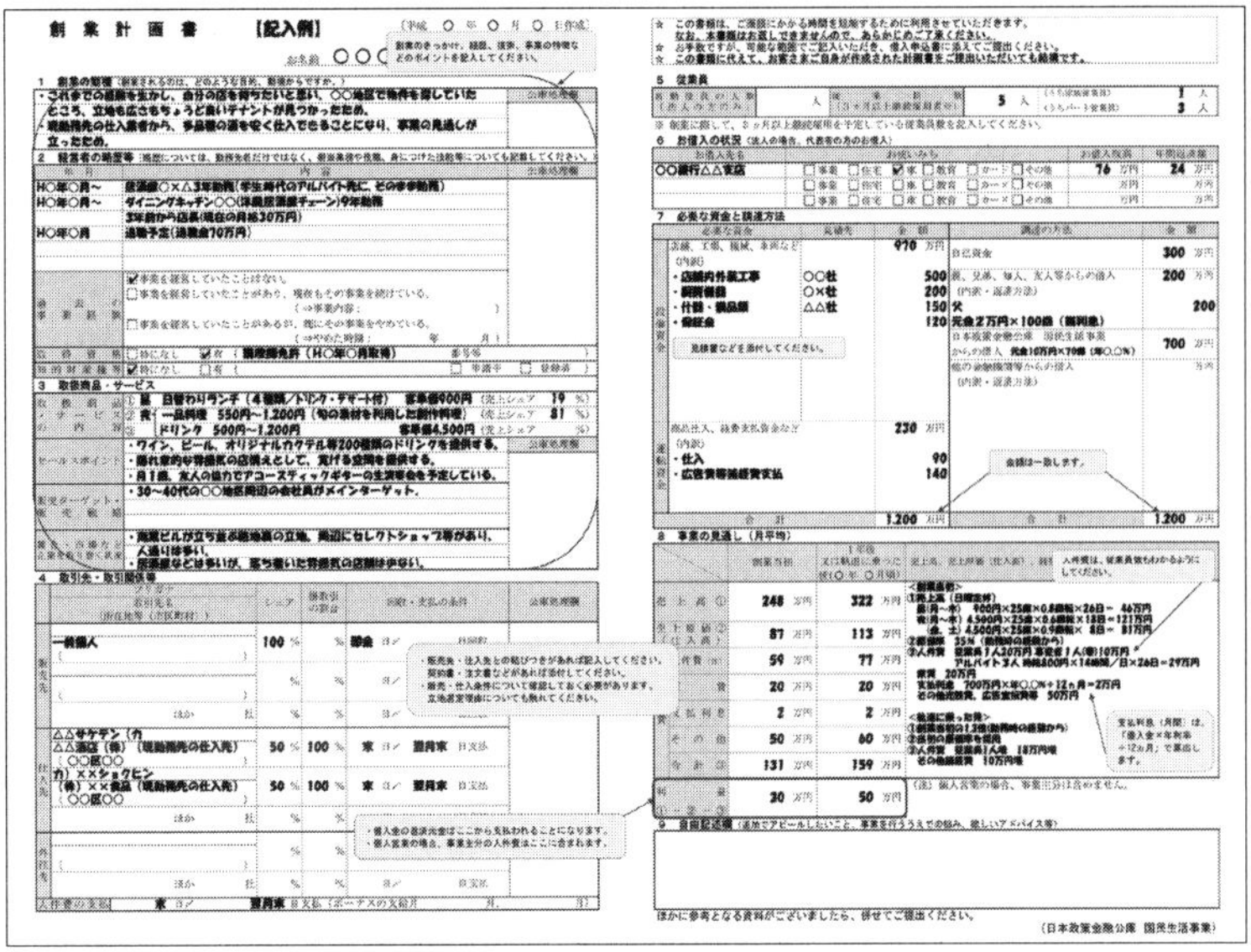

創業計画書　【記入例】

お名前　○○○

創業のきっかけ、経歴、技術、事業の特徴などのポイントを記入してください。

1　創業の動機（創業されるのは、どのような目的、動機からですか。）

・これまでの経験を生かし、自分の店を持ちたいと思い、○○地区で物件を探していたところ、立地も広さもちょうど良いテナントが見つかったため。
・現勤務先の仕入業者から、多品種の酒を安く仕入できることになり、事業の見通しが立ったため。

2　経営者の略歴等

年月	内容
H○年○月～	居酒屋○×△3年勤務（学生時代のアルバイト先に、そのまま勤務）
H○年○月～	ダイニングキッチン○○（洋風居酒屋チェーン）9年勤務
	3年前から店長（現在の月給30万円）
H○年○月	退職予定（退職金70万円）

☑事業を経営していたことはない。
□事業を経営していたことがあり、現在もその事業を続けている。（⇒事業内容：　）
□事業を経営していたことがあるが、既にその事業をやめている。（⇒やめた時期：　年　月）

取得資格：□特になし　☑有（調理師免許（H○年○月取得））

知的財産権等：☑特になし　□有（　）

3　取扱商品・サービス

① 昼　日替わりランチ（4種類／ドリンク・デザート付）　客単価900円（売上シェア 19 %）
② 夜　一品料理　550円～1,200円（旬の素材を利用した創作料理）（売上シェア 81 %）
③ 　ドリンク　500円～1,200円　客単価4,500円

セールスポイント
・ワイン、ビール、オリジナルカクテル等200種類のドリンクを提供する。
・落ち着いた雰囲気の店構えとして、寛げる空間を提供する。
・月1回、友人の協力でアコースティックギターの生演奏会を予定している。

販売ターゲット・販売戦略
・30～40代の○○地区周辺の会社員がメインターゲット。

競合・市場など企業を取り巻く状況
・商業ビルが立ち並ぶ繁華街の立地。周辺にセレクトショップ等があり、人通りは多い。
・居酒屋などは多いが、落ち着いた雰囲気の店舗は少ない。

4　取引先・取引関係等

	取引先名（所在地等）	シェア	掛取引の割合	回収・支払の条件
販売先	一般個人	100 %	%	即金
仕入先	△△サケテン（カ　△△酒店（株）（現勤務先の仕入先）（○○区○○）	50 %	100 %	末日〆　翌月末日支払
仕入先	カ）××ショクヒン　（株）××食品（現勤務先の仕入先）（○○区○○）	50 %	100 %	末日〆　翌月末日支払

人件費の支払：末日〆　翌月末日支払

・販売先・仕入先との結びつきがあれば記入してください。契約書・注文書などがあれば添付してください。
・販売・仕入条件について確認しておく必要があります。立地選定理由についても触れてください。

・借入金の返済元金はここから支払われることになります。
・個人営業の場合、事業主分の人件費はここに含まれます。

☆　この書類は、ご面談にかかる時間を短縮するために利用させていただきます。なお、本書類はお返しできませんので、あらかじめご了承ください。
☆　お手数ですが、可能な範囲でご記入いただき、借入申込書に添えてご提出ください。
☆　この書類に代えて、お客さまご自身が作成された計画書をご提出いただいても結構です。

5　従業員

従業員数　5人（うち家族従業員 1人）（うちパート従業員 3人）

6　お借入の状況（法人の場合、代表者の方のお借入）

お借入先名	お使いみち	お借入残高	年間返済額
○○銀行△△支店	☑車	76 万円	24 万円

7　必要な資金と調達方法

必要な資金	見積先	金額	調達の方法	金額
設備資金　店舗、工場、機械、車両など（内訳）		970 万円	自己資金	300 万円
・店舗内外装工事	○○社	500	親、兄弟、知人、友人等からの借入（内訳・返済方法）	200 万円
・厨房機器	○×社	200	父	200
・什器・備品類	△△社	150	元金2万円×100回（無利息）	
・保証金		120	日本政策金融公庫　国民生活事業からの借入　元金10万円×70回（年○.○%）	700 万円
運転資金　商品仕入、経費支払資金など（内訳）		230 万円	他の金融機関等からの借入（内訳・返済方法）	万円
・仕入		90		
・広告費等諸経費支払		140		
合計		1,200 万円	合計	1,200 万円

見積書などを添付してください。
金額は一致します。

8　事業の見通し（月平均）

	創業当初	1年後又は軌道に乗った後（○年○月頃）
売上高①	248 万円	322 万円
売上原価②（仕入高）	87 万円	113 万円
人件費	59 万円	77 万円
家賃	20 万円	20 万円
支払利息	2 万円	2 万円
その他	50 万円	60 万円
合計③	131 万円	159 万円
利益①－②－③	30 万円	50 万円

＜創業当初＞
①売上高（日曜定休）
昼（月～土）　900円×25席×0.8回転×26日＝46万円
夜（月～木）4,500円×25席×0.6回転×18日＝121万円
　（金、土）4,500円×25席×0.9回転×8日＝81万円
②原価率　35%（勤務時の経験から）
③人件費　従業員1人20万円 専従者1人(妻)10万円
　アルバイト3人 時給800円×14時間／日×26日＝29万円
家賃　20万円
支払利息　700万円×年○.○%÷12ヵ月＝2万円
その他光熱費、広告宣伝費等　50万円

＜軌道に乗った後＞
①創業当初の1.3倍（勤務時の経験から）
②当初の原価率を採用
③人件費　従業員1人増　18万円増
その他諸経費　10万円増

人件費は、従業員数もわかるようにしてください。
支払利息（月間）は、「借入金×年利率÷12ヵ月」で算出します。

（注）個人営業の場合、事業主分は含めません。

9　自由記述欄（追加でアピールしたいこと、事業を行ううえでの悩み、欲しいアドバイス等）

ほかに参考となる資料がございましたら、併せてご提出ください。

（日本政策金融公庫　国民生活事業）

公庫のウェブサイトには業種ごとの記入例が掲載されているので検索してみましょう

設備資金は添付書類として見積書を提出します。運転資金は事業開始から3カ月程度（売上の3カ月分）が目安になります。

この欄で重要なポイントは、「必要な事業資金に対して自己資金がどの程度あるか」「自己資金を計画的に貯めてきたことを説明できるか」です。公庫の融資では、過去半年分の通帳をチェックされますので、タンス預金があるという方は早めに預入し、通帳記帳もこまめにしておくようにしましょう。

8　創業後の見通し

創業後の収支見込み、売上見込みなどを記入しますが、数字の根拠、つまり数字の欄の右側に書く計算のプロセスが重要になります。

売上高は、商品やサービスの単価（客単価）に対し、販売数や客数がどれぐらいあり、どの程度の売上を確保できるかを具体的な計算式で記入します。もちろん、原価や経費の計算についても、納得できる数字で示す必要があります。

また、借入を返済し、経営者の生活が成り立つのかもポイントです。自分と家族の生活費がどれぐらい必要かも把握しておきましょう。

ポイントは、第三者が見てもムリなく納得できる数字を出すことです。借入希望額もあまりに無謀な額を出すと、計画性がないと判断されかねません。自身のキャリア、自己資金額も踏まえ、売上見通しも含めて、手堅い数字でまとめるのが賢明と心得ましょう。

秘訣12／38　少しでも融資額を多く引き出すには別紙資料を作る

「創業計画書」のフォーマットの枠はそれほど大きくないため、事業プランを考え抜き、しっかりとした構想を立てた人ほど、すべてを書ききれないケースも出てくるでしょう。そこで、アピールポイントを上手に伝え、融資の確度を上げ、融資額を少しでも多く引き出すためのテクニックが別紙資料を作成することです。

就職試験の際に、履歴書とは別に経歴書や「なぜ御社を志望しているのか」といったレポートを提出したことがある方もいると思います。それと同じようなものと考えてください。とはいえ、自分本位の〝ラブレター〟を書いたのでは、功を奏するどころか、逆効果になることもあります。以下、別紙資料作成のポイントを見ていきましょう。

調査に基づく具体的な数値データ、エピソードがカギとなる

1 経歴・プロフィール

いくつかの店舗で勤務経験があれば、それぞれの店での勤務年数だけでなく、何を習得したか、任された役職、そこで得た知見などを記載した経歴書を用意しましょう。スタートするビジネスに役立つ資格があれば、それも記載します。

2 創業動機

私のお客さまで、経験ゼロ・自己資金ゼロの人が、ラーメン店を開業したいと、ラーメンへの愛、自分なりの研究成果をつづった別紙を提出したことで、300万円の融資につながった例もあります。一方的な思いを押し付けるだけではダメですが、例えば、「全国のラーメン店を食べ歩いて味の研究をした」など、〝商売への本気度〟が伝わるような具体的なエピソードがあれば評価につながるでしょう。

3 ターゲットの設定

オフィス街に近い立ち飲み居酒屋ならばサラリーマン、カフェならば20～40代女性、郊外のレストランならファミリー層などと、ターゲットを決めたら、集客のためにどのような工夫をしているのかを資料にまとめます。

「ファミリー層がメインなので、掘りごたつ式の座敷を用意します」「仕事帰りの会社員がちょい飲みできる立ち飲みスペースを用意します」など、具体的な方策を記載するとベターです。

4 立地・通行量調査

最寄駅の乗降客数、駅からの立地、近隣に何があるかを記載した資料があると、アピールにつながります。オフィスワーカーがターゲットならば、近隣に位置する会社や工場、役所など、ファミリー層ならば学校やショッピングセンターなどを記すと、目指す集客の実現度を計る材料になります。

それと関連し、出店・開業予定地の通行量調査を実施し、まとめたデータも有効です。その際、想定としてターゲットとする層（20～40代女性、サラリーマンなど）別に数値を入れるのがコツです。

5　コロナ対策

当面はウィズコロナでの事業展開となるので、具体的な対策も重要視されます。飲食店であれば、ソーシャルディスタンスを確保するために席数を減らす必要があります。当局の要請で時短営業する場合でも採算を取るためのシミュレーションや、デリバリーとテイクアウトの対応、来店客に安心してもらうための対策などを記載するとよいでしょう。

6　提供する商品、サービス、メニューの詳細

飲食店ならば、箇条書きでよいので、提供予定のメニューの一覧を付ける、あるいは携帯のアプリなど、仕組みやサービス内容が複雑な場合は、簡単に図式で解説するような資料を付けると、担当者のビジネスモデルへの理解も深まります。

7　競合調査

近隣にどのような店があり、同業種の店がどの程度あるか。競合した際の優位性についても分析した資料を付けておくとよいでしょう。

8　将来的なプロモーション展開の予定

店舗ビジネスの場合、新規客、リピート客、常連客の3層に向けたプロモーションが、

売上を伸ばし続けるうえで欠かせません。

駅前のビラ配りから、雑誌などのメディア、オウンドメディアでのSEO、SNSを活用した情報拡散、リスティング広告、デジタルマーケティングなど、昨今は新しいメディアも続々と登場しています。一つだけでなく、いくつかのメディアを複合した形で、戦略的に考え、記載することが、将来性を感じさせる評価につながります。

9 損益計算書

売上高、売上原価、経費項目ごとに、毎月どれくらいかかるのかを表でまとめ、どれだけ利益が出るのかを検討して、資料を作成してみましょう。

すべてを作成するのは時間的に厳しくても、どの資料も融資を受ける際にだけでなく、将来的にビジネスを成功させるうえでの必須のものとなります。面談に備え、頭を整理するうえでも、取り組むことをオススメします。

秘訣13／38 面談では〝ストーリー〟と〝数字の根拠〟を明確にする

借入申込書を提出し、「創業計画書」のほか、必要書類の準備がすんだところで、公庫の融資担当者と面談することになります。

公庫の融資は、まず面談を受け、担当者が面談を基に作成した書類を、支店の課長、支店長がチェックし、ＯＫとなれば融資が受けられます。

よって、まずは面談の担当者に融資につながるアピールポイントをしっかりと伝え、理解してもらうことが最初の関門となります。

「創業計画書」を基に面談は進みますが、大事なのは具体的な数字の根拠、ストーリーを明確にすることです。

売上の見込みを合理的に説明することがポイント

「創業計画書」で記入した数字に関して、特に重視されるのが「売上」です。

創業時に必要となる設備資金や固定費はムダ遣いをしなければ、コストは、計画から大きく外れることはないでしょう。

しかし、売上は本人の頑張り次第で大きく変わります。売上が伸ばせる人ならば、いくら貸しても返せると判断され、金融機関としては極端をいえば、「いくらでも貸したい」というのが本音になります。

つまり、融資の可否、希望どおりの融資額を引き出せるか否かは、創業計画書に記した売上について、より説得力あるプレゼンができるかどうかにかかっているといっていいでしょう。

例えば、飲食店の場合は、

・周辺に競合店がどれだけあるのか
・出店予定地にどれだけ通行人がいるのか
・周辺にどのような施設があるのか
・来店する方のメインターゲットはどこか

などを踏まえ、

「メニュー構成」「価格帯」「客単価」「見込める集客数」「回転数」を割り出し、売上の裏付けとします。別紙を用意し、最寄駅の乗降客数や道路沿いならば交通量、周辺にある会社などの大口客が見込めるかなども踏まえてプレゼンするのがよいでしょう。

また、美容室の売上見込みを合理的に説明する方法としては、例えば、前職での指名客が400人いたとします。その顧客が2カ月に1回のペースで来店していたとして、独立後も指名客の半分でも引き継ぐことができれば、単純計算で毎月100名のお客さまを確保できることになります。1名あたりの平均単価が8000円だったとすれば、

8000円×100名＝80万円（月）

創業時から月商80万円は見込めると説明すれば、説得力、納得感をもって、事業の将来性を伝えることができます。

営業代行業の場合は、「今までに取得した名刺リスト（名刺コピー）」「前職で出した実績」などが売上想定の裏付けとなります。歩合制で高い給料を得ていた場合は、前職の所得が高い理由は、営業力があるからです！とプレゼンしても、納得してもらいやすいです。

そのほかのビジネスも同様で、前職での顧客（クライアント）を独立後も引き継ぐこと

が可能ならば、既存客リストを別途作成し、伝える方法が有効です。

意外に難しいのが通販ビジネスにおける売上予想の説明です。実際に私のお客さまでアパレルサイトを立ち上げた事例では、ＳＮＳにおける通販サイトのシェア率や、登場しているモデルのインスタグラムのフォロワー数、先行販売をした結果などを提示し、融資に成功することができました。

また、売上以外にもさまざまな数字について、その根拠を問われた際には口頭で解説できるようにしておきましょう。

ビジネスモデルが複雑な場合は、分かりやすい資料を作る

先に挙げた飲食店や美容室といった、業種名だけで仕事内容がイメージできる業種であれば問題ありませんが、例えば「ＡＩ（人工知能）を使った資産運用サポート」など、テクノロジーを駆使した新しいビジネスモデルの場合、「今後、果たしてどの程度需要があるのか」、あるいは「そもそもどのような課金システムになるのか」など、なかなか理解してもらえないリスクがあります。

ここで注意しておきたいのが、斬新なビジネスモデルのほうが、融資が通りやすいのではと思いがちですが、むしろ逆ということです。実は「前例がないビジネスモデル」は効果が測定しにくいため、融資のハードルが上がるというのが正解なのです。

まだ世に認知されていない新たな事業、アイデアビジネスに関しては、パワーポイントや手書きの図版でも構わないので資料を作成し、見せながら説明するのがベターです。

よく聞かれる項目は、将来につながる〝ストーリー立て〟がポイント

その他、よく聞かれる項目についてもポイントを挙げていきましょう。

「創業動機」については、前職でキャリアを積んだ同業種で独立する際には、深く聞かれることはありませんが、まったく異業種からの創業など、その経緯がイメージにしにくい場合は質問されることがあります。「しっかり準備して成功できる自信がある」というストーリーを具体的、かつ論理的に説明できるようにしておきましょう。

「職務経歴」についても同様で、同じ業種からの独立、異業種からの転身、どちらであってもその経験が新たな事業に活かせるポイントを挙げられると印象アップにつながりま

す。

また、「自己資金」については、コツコツ自分で貯金ができていれば問題ないですが、見せ金と疑われるケースは、確実に質問を受けることになります。ウソはご法度と心得て、正直に話すことが大事です。

「取引先」「仕入先」は複数あるのがベストです。「末締め翌月払い」など、その会社との取引条件について「入金が遅く、支払いが早い」関与先ばかりの場合は、リスクを指摘されることもあります。また、取引先、仕入先がいずれも1社の場合は、そこが倒産したらビジネスが継続できないのではという見方をされてしまいます。別途、見込みの仕入先、取引先があればリスト化し、見積書などをすでに提出していれば、持参しましょう。

厳しい質問、指摘を受けても冷静に受け止めるべし

面談では時に厳しい質問を受けることもあります。

私のお客さまのなかにも、個人で面談に臨み、「経験がそこまでないようだけど大丈夫？」「集客の見込みはきちんと調べましたか」などと質問攻めにあい、頭が真っ白に

なってしまったという方もいます。また、まれに不機嫌になってしまうなど、態度が悪くなってしまう方がいらっしゃいますが公庫の面談担当の指摘は、真摯な態度で受け止めるようにしましょう。

また、服装で融資の可否が決まるわけではありませんが、「きちんとしている」という印象を与えるならば、奇をてらわず、スーツで行くのが無難です。スーツをもっていないならば、ジャケットを着用するなど、なるべくかっちりした格好で行くようにしましょう。

秘訣14／38 「認定支援機関」の活用で融資額アップを狙う

公庫に融資を申込む際には、「自分で手続きをする」やり方と、「認定支援機関を通じて手続きをする」2つの方法があります。

認定支援機関とは通称で、正式名称は「認定経営革新等支援機関」といい、中小企業や小規模事業者の経営課題に対し、事業計画策定支援などの専門性の高い支援を行う専門家です。課題に応じて専門分野が分かれており、それぞれの認定支援機関に得意分野があります。国の認定により、税理士や公認会計士などの士業、金融機関、私の会社のように融資サポートをする事業会社など、多数の融資の専門家が存在します。

実は、公庫の融資を受ける際に、この認定支援機関を経由するとさまざまなメリットがあるのです。

1000万円超の融資を受けたいならば、プロに相談すべし

公庫の新創業融資制度では、3000万円まで借りられることになってはいますが、現実には1000万円を超える融資を受けられるケースはまずありません。これを知らずに1000万円を超える融資を申込んでしまうと、最悪の場合1円も借りられないということになってしまいます。1000万円を超える融資が必要な場合は民間の金融機関も活用するなど、慎重に事を進めていく必要があります。

こうした際に経験豊富な認定支援機関のサポートがあれば、金融機関選びや申込みのタイミングなど、さまざまな点で適切なアドバイスを受けられ、高額の融資を引き出せる確

率が高くなります。

私のお客さまで、飲食店の創業にあたり、1500万円の融資に成功したDさんの事例を挙げます。

Dさんは会員制の飲食店をオープンするにあたり、公庫で1000万円、民間の金融機関で500万円の融資を受ける計画で準備を進めていました。ところが、公庫では希望額が通らず、800万円に減額されてしまいました。

そこで、相談を受けた私の会社は民間の金融機関に申込んでいた運転資金融資を増額して申請し直すことをアドバイスしました。公庫で希望額の融資を受けられなかったことを理由に増額すること自体にデメリットはありませんが、事業計画の修正は必要です。

事業計画では運転資金と設備資金を分けて希望額を出すことになりますが、それぞれどの程度であれば希望が通るのか、そもそも予定している支出がどちらに当たるかといったことを自分で判断できる人は多くありません。ここを間違えてしまうと希望額の融資が難しくなります。特にコロナ禍以降は金融機関が高額の融資に難色を示すケースも増えています。1000万円を超える融資を希望する場合は、ノウハウを豊富にもつ認定支援機関のサポートが不可欠になっているといえます。

Dさんは無事、民間の金融機関で700万円の融資を引き出し、合計で当初の希望額だった1500万円の資金調達に成功しました。

個人で申込んだ際には約半数が審査に落ちる⁉

認定支援機関を通すメリットはまだあります。「審査を受ける支店を選べる」ケースがあることです。

自身で申込みを行う場合には開業予定地の管轄支店での申込みとなりますが、認定支援機関を経由すると、同機関と頻繁に取引している公庫の支店で融資を受けることができるケースがあります。つまり、すでに資金調達実績のある支店に融資の申込みを行うことができる。これは大きなメリットです。

また、私の会社のように貸金業の登録を受ける認定支援機関であれば、担当者が同席できるケースもあります。

書類作成のサポートが受けられる点も、大きなメリットです。

「創業計画書」や「事業計画書」は、融資成功のカギを握る大切な書類であり、作成するにはしっかりとした備えが必要です。

とはいえ、これから独立する方にとっては、融資の申込みも、必要書類を作成するのも初めての体験となり、なかなかハードルが高い作業となります。実績をもつ認定支援機関のサポートを受けることで、融資のためだけではなく、事業がしっかりと継続、拡大していくための方法を一緒に考えてもらえるのもアドバンテージといえます。

また、プロに任せれば書類の不備などで審査期間が長引くリスクも少なくなります。個人で融資を受ける場合、平均して審査に1カ月程度かかるケースもあるところ、プロが手掛けた場合、平均して1～2週間、早ければ数日でスピーディに融資にこぎつけることもあります。

また、副次的な効果として、信用力アップにつながることも期待できます。

認定支援機関のサポートは、本番の審査を受ける前のいわば0次審査のような位置付けで、「この人にお金を貸しても大丈夫だと判断しました」とお墨付きをもらったことにも通じます。私の会社に問い合わせをされてきた方の約6割をやむなくお断りすると申し上げましたが、そのハードルを乗り越え、サポートさせていただいたケースについては9割超が融資にパスされています。

つまり、プロの助けを受けることで、自身で融資の申込みをするよりも成功の可能性が高まることが期待できます。逆に個人で申込んだ際には半数以上が審査に落ちる可能性があります。

もちろん「経験値と自己資金」などの条件が良ければ、個人で申込みをしても、融資自体は成功する可能性は高いでしょう。成功する確率だけでなく、「最大限に有利な条件で借入をしたい」「慣れない金融機関への対応はプロに任せて、本業のほうの創業準備に注力したい」「少しでも多くの融資を受けたい！」と考えるならば、「認定支援機関」の力を借りることをオススメします。

認定支援機関を選ぶ際には「専門分野」「実績」をチェック

認定支援機関を選ぶ際には、どういった点に注意するべきなのでしょうか。

最大のポイントは「専門分野を見極めること」です。同じ認定支援機関を謳っていても、得意とする分野は異なります。公庫で初めて融資を申込むならば、創業支援、事業計画作成支援に強いところを選ぶことがオススメです。

実はお金のプロとされている税理士でも、融資サポートに長けているかというと、そうともいえません。どの程度、融資の案件を実践したことがあるのかもチェックしておくべきでしょう。

また、融資をどれだけ引き出してきた実績があるかも重要です。経験豊富で過去に多額の融資を引き出してきた実績がある機関ほど、そのために必要なポイントやテクニックを熟知しています。融資の件数や金額などはチェックしておくといいでしょう。

報酬額も事前に把握しておきましょう。完全成功報酬型なのか、あるいは成否に限らず一定の着手金が必要なのか、融資額の何%を支払う必要があるのか、料金形態は認定支援機関によってもまちまちです。

また、認定支援機関は、中小企業経営力強化資金制度を利用して進めた場合、公庫に、融資先の事業進捗報告を2年間行う義務があります。その際の資料作成の料金も確認しておきましょう。

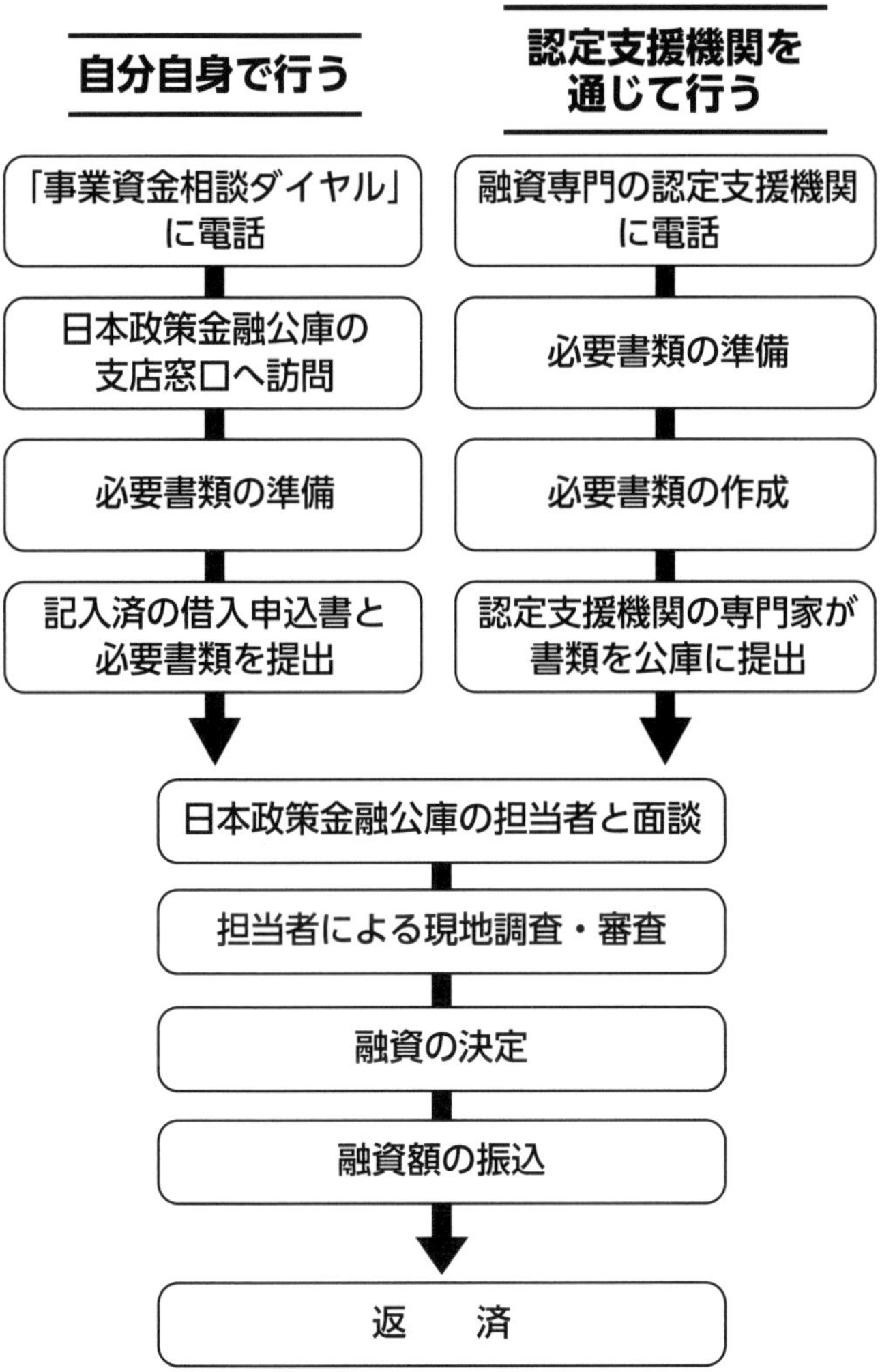

図表6　自分で申込む場合と認定支援機関を通じて申込む場合のフロー図

ちなみに私の会社では、報酬は借入額の3％、または15万円（税別）のいずれか高い額を請求しています。完全成功報酬ですので、融資に失敗したら1円も請求しません（貸金業法、利息制限法又は出資の受け入れ、預り金及び金利等の取締りに関する法律、その他の法律が適用される場合には、当該法律に定める金額を成功報酬の上限金額とします）。融資後の事業進捗報告に伴う料金も発生しません。

また、融資後の報告義務と併せ、継続的に2行目、3行目と融資を受けていくことが会社の成長につながります。長期スパンでサポートを受けるならば、担当者との相性、関係構築も大事なポイントです。

現在、日本には約3万7000を超える認定支援機関が存在します。

ホームページなどで検索したうえで、料金面などの条件も踏まえ、自分で手続きをするのか、サポートしてもらうのか。相性なども確かめたうえで申込みをすることをオススメします。

秘訣15／38 法人、個人での融資の手続き、提出書類の違いを知る

これから創業しようと考えている方のなかには、個人事業主としてスタートするか、最初から法人としてスタートするか迷っている方もいらっしゃるでしょう。

私のもとに相談にみえるお客さまはＢtoＣ、つまり個人を相手にする店舗ビジネスの方が多いため、個人事業主としてスタートするケースが一般的ですが、ＢtoＢ、つまり会社相手にビジネスをする場合は、最初から法人化したほうが信頼を得やすい、仕事を獲得しやすいということもあると思います。

では、融資に関しては、個人事業主と法人で借りやすさに違いがあるのか？ というと、答えはＮＯです。なんとなく「法人のほうが借りやすいのでは」と思っている方も多いのですが、個人であっても法人であっても、審査の基準に変わりはありません。

融資で最も大切なことは、そのビジネスが成功するかどうかです。ビジネスの中身が悪ければ、個人でも法人でも融資を受けられませんし、ビジネスの中身がすばらしいものであれば、個人、法人問わずお金を借りることができるはずです。

すぐに法人にする予定があるならば、法人化してから融資を受けるべきでしょうが、法人化にはさまざまな手続きが必要となり、コストもかかります。事業をスタートしたい時期と融資を受けるタイミングを考慮しつつ進める必要があります。また、融資を受けたお金を入金する法人口座をつくる手続きも、以前よりもハードルが高くなっています。メガバンクなどでは1カ月程度かかることもあり、待たされた結果、審査が下りないようなケースもあります。

法人化の必要に迫られていないならば、まずは個人で融資を申込んだほうが、スムーズに手続きが進むというのが私の考えです。

法人で申込む際には「履歴事項全部証明書」の取得が必要

借りやすさに違いはないものの、個人と法人では必要な書類が異なります。最大の違いは法人で申込む際には、「履歴事項全部証明書」の提出が必要になることです。

法人として登記をする際、そのデータを登記簿と呼びます。登記簿には、法人の移転や権利などの履歴がすべて書かれています。履歴事項全部証明書（謄本）とはそのすべての

図表7　【創業融資を受けるときに必要な書類
（法人・個人事業主共通）リスト】

借入申込書、運転免許証などの本人確認書類のコピー、 印鑑証明書
申込人名義の銀行通帳コピー
支払い明細書（借入金ありの場合のみ）
代表の自宅の水道光熱費の支払状況の分かる資料
創業計画書
営業許可書、資格・免許
関連企業の確定申告書および決算書 （別の会社の代表をしている場合）
賃貸借契約書
見積書、工事請負契約書（設備投資する方のみ）
（法人のみ）履歴事項全部証明書（謄本）

経緯をプリントアウトしたもので、一部の写しは、登記簿抄本と呼びます。

法人の場合、会社を設立したら、法務局にその「履歴事項全部証明書」を取得に行く必要があります。法務局が遠い方は、オンラインで交付請求することも可能です。

いずれにせよ法人の場合は手続きの工程が多いため、要領よく進め、「履歴事項全部証明書」を取得したら、速やかに融資の面談に行く手続きをするべきです。図表7に挙げた必要書類については、早めに準備をしておきましょう。

秘訣16／38 FCや副業でも融資OK。売上見込みはシビアに設定する

昨今、国を挙げての副業推進の動きを受け、社員の副業を認める会社が増加しています。日本の経済成長を促進し、開業率を上げていくためにも、非常に好ましい動きだと思います。

では、副業でも公庫の融資制度を利用することはできるのでしょうか。

結論からいいますと「YES」です。実際にお客さまのなかでも、不動産会社に勤務し

ながら、本業の合間や休日に運営していた通販サイトが安定した売上を得るようになり、会社を設立の際に、500万円の借入を実現した方など、成功事例は多数あります。もちろん、会社を設立していなくても、個人事業主での融資も可能です。

では、融資を利用しやすい副業のポイント、条件はあるのでしょうか。

一つ目として、「どれだけ事業に思い入れがあるのか」が挙げられます。たとえ本業の仕事があっても、副業にも真剣に取り組む気持ちがあるか否か。売上をきちんと上げ、返済をしていくためにも本気度が問われます。

それと関連し、二点目として評価を左右するのが、「将来、本業にしたいと考えているか」です。

いきなり独立は不安なので、会社員としての収入も維持しながら、将来、副業が軌道に乗ったら、正式に独立したいという方も多いでしょう。その場合も融資を受けながらであれば、資金や生活の不安も軽減できます。まずは副業からスタートすることで、起業にまつわるリスクを抑えることもできます。

FCでは基本的に「中小企業経営力強化資金」は利用不可

では、開業するビジネスの経験や知見が乏しく、FCで独立したいという場合はどうでしょうか。

この場合も融資の申込みは可能です。ただし、未経験のフィールドになりますから、人脈、これまでの職務履歴、やる気、自己資金、計画性などが問われることになります。

私のお客さまでも、脱サラをしてFCの弁当店チェーンで開業したいと相談にみえた方がいます。過去に弁当店をやったことは一度もありませんでしたが、自分の店をもちたいという強い意思をおもちだったことと、経営のノウハウを提供してくれる知人がいたことが評価につながりました。さらに、3カ月以上かけて計画を練り、自己資金も200万円の貯えがあったことから、800万円の融資に成功することができました。

また、62歳の方が退職後、1年間は年金暮らしをしていたものの、「まだまだ働きたい」と携帯の修理と買い取りを行っているFCに加盟。公庫から700万円の融資を受けた事例もあります。

ただし、公庫が実践する2つの創業融資のうち、「中小企業経営力強化資金」はFCの方は利用することができないため、「新創業融資制度」を利用することになります。

後者の退職後の方の場合、55歳以上だったため、金利の優遇が受けられ、特別利率が適用となりました。創業して1年以内の融資で、さらに金利がダウンし、固定金利1％台という低水準の金利で融資が実現します。利息にして月1万円以下で700万円を借りることに成功したのです。

フランチャイザーが掲げる収益モデルをうのみにしない

ＦＣで融資を受ける際のポイントとしては、副業と同様、事業の本気度が問われます。安易にＦＣのモデルに乗ってビジネスをしようと甘い考えでいると、公庫担当者に見透かされること必至です。また、「経験値」として、新しく手掛ける事業そのものはやったことがなくても、それ以外の蓄積がモノを言います。弁当店のＦＣで成功した方は、前職で営業をしていたことから、販売や営業に長けている点が評価されました。

「人事の仕事をしていた」あるいは「部下やアルバイトを取りまとめる仕事をしていた」といったキャリアも、経営者的視点があるとみなされ、評価アップにつながります。

もう一点、大事なのは売上の設定です。FCのなかには、フランチャイジーを増やすために、「○円利益が上がります」「○年で投資額を回収できます」など、甘めの売上、利益のシミュレーションを挙げているような会社も見られます。

大手コンビニエンスストアなどであれば、立地さえ問題なければ、誰がやってもそれほど大きく売上・利益の差は出なくても、飲食店などは同じメニュー構成でも、スタッフの働きやそのオペレーション、競合の存在次第で、集客数が変わってくるリスクがあります。

FCのシミュレーションをうのみにすることなく、立地や周囲の競合など、自分自身でしっかり調べたうえで、事業をスタートさせることが肝要と心得ましょう。

＊コラム　未経験、自己資金ゼロでも融資のチャンスはある?

「実際の経験はなくても、創業計画はバッチリ！　今すぐ起業して成功する自信がある」という方もなかにはいると思います。確かに、未経験でも成功しているケースはありますが、その場合はほかの点でカバーできるかが審査の結果を左右します。

評価ポイントとしては、

・人脈がある
・自己資金がある
・計画が練られている
・熱意がある

などが挙げられます。

「人脈が広い」方ならば、自身が未経験の分野でも、その道に精通している人にサポートしてもらえることも期待できるでしょう。自己資金に余裕があれば、経験のある専門家にアウトソーシングすることも可能となります。

また、創業計画がしっかりと練られているのはもちろん、いちばん肝心なのが本人の熱意です。私のもとにもち込まれる相談のなかにも、単純に「流行りに乗ればうまくいくはず」「儲かれば何でもいい」といったケースも多く見受けられます。

そういう方は万が一、運よく融資が通ったとしても、遅かれ早かれ事業が立ち行かなくなり、「返済が困難」「商売自体をたたまざるを得ない」といった窮地に追い込まれること必至です。

また、前述した項目のうち、自己資金がゼロの場合、融資は非常に難しくなりますが、例外的に並々ならぬ熱意で〝未経験・自己資金０円〟の二重苦を乗り越えたケースもあります。

ここでは、一般的に融資にこぎつけるのが難しいハードルを乗り越えた２人の事例をご紹介します。

事例　主婦で未経験でもヨガ教室で３００万円融資に成功

「専業主婦で今まで事業を立ち上げた経験がゼロでも融資は可能でしょうか？」

相談にいらしたＥさんの口から真っ先にこぼれたのが、自身の属性への不安でした。

ヨガ教室とスペース貸しで起業を構想したものの、今までヨガ教室を自身の事業として行った経験はなく、友人の手伝いや、ボランティアで市の施設を使って知人や友人に指導していたといいます。

今回、開業にあたっての融資を希望されたのは、友人や知人からもっと定期的に受講したいという希望を受けたことと、市の施設を利用する際に、日程や場所の調整が負担になってきたことが原因でした。

一般的に、未経験の場合、融資のハードルは高くなります。しかし、今回、幸いしたのが自己資金を１００万円貯めていたこと。その計画性の高さをアピールし、ボランティアでの実績を基に、今後、どの程度集客が見込めるのか、あるいはスペースを貸す対象がどの程度いるかの将来性も提案しました。

具体的には以下の3点に関するデータをそろえました。

1　既存の顧客数を証明

過去の予約状況が分かるカレンダーを使い、これまでの実績を説明しました。また、利用者の「定期的にレッスンを受けたい」という意見があることを踏まえた、今後の顧客来場回数をシミュレーションする資料を作成しました。

2　立地の発展性

周辺には大型スーパーや飲食店があり、今後もさまざまな店舗が建つことが予想されるエリアでした。駐車場も近隣に位置しており、認知度アップが見込める立地条件だったことも、新規獲得しやすいという判断につながりました。

3　新規獲得実績

ボランティアとはいっても、数年間、講師をやってきた実績から、人脈を活かした集客が可能だという説明をしました。

未経験でもこうした資料を用意し、説得材料としたところ、事業性を理解してもらえ、300万円の融資に成功しました。

事例　資金ゼロ・未経験の〝二重苦〟でもラーメン愛で350万円融資に成功

Fさんは、飲食店の経験もなく、さらに自己資金も自分で貯めたお金も0円。家族からもらったお金が100万円あるのみでした。

本来、自分で貯めた自己資金がなく、経験値も低ければ融資を受けられる確率はゼロに等しいといっていいでしょう。

ただし、Fさんの場合は、よくある脱サラでラーメン店を開業というパターンではなく、地元で有名なラーメン店の20年来の常連で、経営者が店を辞めるにあたって、味を引き継いでほしいという依頼を受け、少額の買収価格でスタートできる好条件がありました。

さらに、創業のときから店頭に立つ経営者の母親、アルバイトの方も継続して働いてくれるという周囲のサポートがある点も評価につながりました。

なんといっても20年間、その店に通い続けたこともあり、ラーメンに対する愛情は並々ならぬものでした。そのラーメン愛、店を引き継ぐうえでの熱意を別紙にしたためてもらい、審査に提出しました。

こうした人間性と、もともと地元で評価の高いラーメン屋を引き継ぐという2点が評価され、結果的には350万円の融資に成功しました。

もちろん、これはレアケースで、公庫担当者と私の間で多数の実績があったことも幸いしました。

その担当者は、非常に人間味溢れる方で、融資にあたって、次のような苦言をあえて呈してくださいました。

「本来ならば経験もなく、自己資金もゼロという計画性が低い状況では、融資はなかなか難しいのが現実です。きちんと計画性をもたないと、ラーメン愛だけでは遅かれ早かれ店をたたむことになりますよ」

まさに、Fさんの将来を考えたうえでの〝愛のムチ〟とでもいうべきでしょう。

脱サラでラーメン店をやりたいという方は多くいらっしゃいますが、1年足らずで廃業に追い込まれるケースが多いのもまたラーメン店というのも現実です。

融資がうまくいったとしても、そこはスタート地点でしかありません。長く事業を続けていくためにも、自己資金、経験値の綿密な備えが基本と心得ましょう。

《創業直後》倒産リスクを回避するための「創業から6カ月間」の乗り切り方

秘訣17／38 創業前のチャンスを逃したら、開業直後1カ月以内に手を打つ

融資を受ける最大のチャンスとなる創業前に公庫にアプローチできなかった場合は、とにかく創業から時間が経つ前に、なるべく早く手を打つことをオススメします。

すぐに経営が軌道に乗り、利益が順調に伸びていれば、そう焦る必要もないでしょう。しかし、創業して半年程度は最も資金が枯渇しやすく、赤字状態が続くリスクが高い時期になります。

つまり創業前や直後ならば、自己資金と過去の経験値によって1000万円程度の借入

が可能だった人も、数カ月が経ち「売上がほとんど伸びていない」「赤字が続いている」となると、「今後も赤字が続くのでは」「そもそもビジネスモデルに問題があるのでは」と判断され、1000万円どころか融資自体がNGになってしまうかもしれません。

タイミングを失したがために融資失格の烙印を押されないためにも、月次の売上結果が出てくる1カ月以内に、創業融資の申込みをすることが肝心なのです。

法人で借りる場合は、創業後のスピーディな手続きが肝心

ただし、法人で借りる場合は、そもそも創業前の融資の申込みが不可なため、会社設立後、手続きをすることになります。

法人の場合、設立時に30万円程度のコストがかかり、さまざまな手続きに時間もかかります。登記とともに「履歴事項全部証明書」をはじめ書類を速やかにそろえたら、なるべく早く申込みをしましょう。私も2015年12月に会社を設立後、その月中には公庫への融資申込み、面談を終え、翌年1月に入金にこぎつけることができました。会社設立の手続きに追われ、融資の段取りが後回しになっていたら、ずるずると融資のチャンスを逃し

図表8　会社登記に必要な書類と期間

所要期間	申請後、平均1～2週間。法の改正後や申請件数により、2週間以上かかることも。
登記場所	法務省に行き直接申請。現在は郵送やオンラインでの申請も可能。
必要書類	・定款　・役員就任承諾書 ・印鑑証明（代表2通、役員1通） ・資本金の口座コピー ・登録免許税の収入印紙 ・資本金の払込（定款承認後） ・資本金の払込証明書

てしまったかもしれません。

会社を立ち上げてから融資の申込みをする際は、設備投資する前なのか、あとなのかも大事なポイントです。開業から時間が経つと、最初の設備投資が終わっているため、借りられるのは運転資金のみになり、融資を受けられても設備資金分が借りられないため、借入額が大幅にダウンしてしまいます。

設備資金がかかる飲食業などは、借入額を最大限に引き出すためにも設備投資前の申込みがベターです。

開業する店舗や事務所を決め、タイミングを計りながら手続きを進めていくためには、創業前から認定支援機関などに段取りを相談しておくのもよいでしょう。

創業時の融資の実践が、2~3年目の経営状況を左右する

私のお客さまに、広告代理店を創業して1カ月目で融資を申込み、公庫から年利0・9%で600万円の融資に成功した方がいらっしゃいます。

(※0・9%は当時の金利で、現在、この金利になることはありません)

首尾よく融資に成功したのは、開業してすぐに手を打ったこと。自己資金が150万円あったこと、さらに35歳未満で金利の優遇が受けられたのも、有利な条件での借入につながりました。

自己資金が100万円以上あり、過去の経験がしっかりしていれば、創業直後に融資を申込んだ際も、300~600万円程度ならば融資を受けられる可能性があります。特に広告代理店のように設備資金があまりかからない業種であれば、創業後であっても、スピーディに手続きをすれば資金が枯渇するリスクも抑えることができます。

創業時の融資の実践は、創業直後の不安定な時期を乗り越えるとともに、2~3年目の

経営状況をも大きく左右します。計画性をもって手続きを進めるようにしましょう。

秘訣18／38　公庫から受けた融資は、信用金庫の口座に着金する

公庫は、融資専門の金融機関であり、ほかの銀行と違ってお金を預かる機能がありません。よって、公庫でお金を借りることができた場合、他行の入金先の口座を指定しなければなりません。

実はこの選択が、次の融資につながる重要なカギを握ることになります。

公庫以外の民間の金融機関には、都市銀行、地方銀行、信用金庫、信用組合がありますが、入金するだけなら「どこの金融機関でも同じでは」という考えは間違いです。例えば会社員時代に給与振込口座に指定していた都市銀行を選んだとしたら、融資を有利に運ぶうえでは得策とはいえません。

本書で掲げる資金調達の理想的なロードマップは、創業2年で2～3行の金融機関から融資を受けることです。

その目標を達成するには、創業時に公庫から融資を受けたら、すぐに次の融資先をどう選ぶかを念頭に、準備を進めていくことが肝心です。

では、先に挙げた民間の金融機関のなかでどこを選ぶべきでしょうか。会社員時代は身近な存在だった都市銀行も、いざ事業資金の融資となると小さな会社の創業期に支援してくれる可能性は極めて低くなります。地方銀行も、近年は創業融資に力を入れ始めていますが、借りやすさとしては、まだまだこれからというべきでしょう。

公庫から借りたお金の入金先として選ぶべき正解は信用金庫や信用組合です。民間の金融機関でも、地域密着型で、小さな商店や事業主、会社の融資に積極的な信金、信組を選ぶのが王道なのです。

潤沢な預金残高が将来の融資の実現につながる

では、どうしたら信用金庫や信用組合から融資をスムーズに引き出すことができるのかというと、ここが口座開設と密接に絡んでくるのです。信用金庫を例に解説していきましょう。

まず考えていただきたいのは、金融機関にとって何が大事なのかです。端的にいえば、信金の担当者は何をしたら喜ぶかです。大きくは次の4つが挙げられます。

・預金残高の増加
・新規貸付先を獲得する
・定期預金や定期積金を契約する
・メインバンクになる

ノルマのある営業マンにとって、これら一つでも実践してくれる顧客を獲得できれば、成績アップにつながります。つまりこれらを実践し、営業マンの好印象を得られれば、将来の融資に向けて金融機関の担当が頑張ってくれる可能性が高まるのです。

必ず公庫の入金先を指定しなければならないのですから、これを機に信用金庫に口座開設をしましょう。そして、公庫から借入れた数百万から1000万円単位の預金残高を積みます。こうして評価を上げ、次の融資につなげるわけです。

さらにいうならば、公庫の融資に成功したことで、信金からも公庫の審査を通過した会社という評価を受けることができ、いざ融資を申し込んだ場合も審査が通りやすくなることが期待できます。

「選択ベンチマーク」で創業融資に積極的な金融機関をチェック

ただし、信用金庫や信用組合ならば、どこでも創業融資に力を入れているというわけではありません。

創業融資は、倒産リスクも高いため、融資に積極的ではない信用金庫や信用組合も少なくありません。日本の民間の金融機関は〝担保主義〟ともいわれるように、土地などの担保がなければ融資をしない傾向もまだ見られます。

では、創業融資に力を入れている信用金庫や信用組合をいかに探すか。参考となる指標の一つに「選択ベンチマーク」があります。

２０１６年９月、金融庁が新たに金融機関を評価する指標として「金融仲介機能のベンチマーク」という制度を導入しました。

ベンチマークは「共通ベンチマーク」と「選択ベンチマーク」に分かれており、共通ベンチマークはすべての銀行が達成しなければならない項目です。「取引先企業の経営改善や成長力の強化」「取引先企業の抜本的事業再生等による生産性の向上」「担保・保証依存の融資姿勢からの転換」などの5つが挙げられています。一方、選択ベンチマークは、約50項目から、金融機関自らが「自行で力を入れたい項目」を任意に選択することができます。「メイン取引先のうち、経営改善提案を行っている先の割合」「地元への企業誘致支援件数」などが並ぶラインアップのなかに「創業支援先数（支援内容別）」という項目があります。

共通ベンチマークのなかにも「金融機関が関与した創業・第二創業の件数」というのが入っているため、どの金融機関もある程度は創業融資に取り組まないといけないというのが金融庁の方針ですが、加えて選択ベンチマークとして「創業支援先数（支援内容別）」を選んでいれば、取り組みへの本気度が分かるというわけです。

個々の金融機関のベンチマークの取り組み、姿勢についてはホームページなどで公開されているケースもありますので、一度調べてみるとよいでしょう。

図表9　金融機関への口座開設手続きに必要な書類

必要書類

口座開設時に必ず必要なもの　※金融機関によって違います
- ●履歴事項全部証明書（発行3カ月以内のもの）
- ●会社の銀行印
- ●運転免許証など身分が証明できるもの
- ●最初に入金するお金

追加で提出を求められる可能性があるもの
- ●事業計画書
- ●取引先との契約書
- ●パンフレット、ホームページのスクリーンショット
- ●水道光熱費などの会社名義の明細
- ●オフィスの賃貸借契約書　など

どのような事業を行うか証明できるものがあるとよい！

公庫と懇意にしている信金を紹介してもらう

もっと簡単な方法は、融資を受けた公庫に「提携している信用金庫があれば紹介してください」とお願いすることです。

公庫は、多くの信金と連携し、創業融資に関して勉強会なども開催しています。そのなかでも懇意にしている金融機関、支店、担当部署・担当者がいれば、紹介してもらうわけです。

もし希望している融資額が大きいときは、公庫と信金の両方から

融資を受ける協調融資という方法もあり、ケースによっては二行で協調融資を推進してもらうという選択肢を取ることもできます。

民間の金融機関の注意事項としては、中小企業や個人事業主が融資を受ける際は、基本的に「保証付融資」を利用することとなります。特に創業時は銀行から直接貸付を行う、いわゆる「プロパー融資」が受けられることはありません。

詳しくはP196で紹介しますが、公的な保証人として設立された信用保証協会の審査を通らなければ、いくら特定の金融機関の担当者と懇意になろうと融資は受けられません。自治体や商工会などへの申込み、審査を経て、金融機関をあっせんしてもらう「制度融資」についても同じです。制度融資の場合、金融機関に直接申込むより、金利の優遇を受けられるケースもありますが、手続きも自治体、金融機関、保証協会と三者に及ぶためやや複雑になります。

こうした手間を経ても、公庫に加え、もう一つの金融機関とのパイプができれば、ダブルで後ろ盾が期待でき、会社が倒産するリスクも減らすことができます。盤石な経営基盤をつくるためにも、創業融資を受けた時点で安心するのではなく、口座開設一つとっても、戦略的に考えることが肝要なのです。

・金融機関への口座開設手続きの際にチェックすべき6つのポイント

1　事業の実態があるか
登記上の場所がバーチャルオフィスだったりすると審査に落ちるリスクあり
2　法人の住所と金融機関の店舗が離れていないか
口座開設をする先は、本店所在地に近い店舗を選ぶのが王道
3　代表者の信用情報にキズがないか
代表者個人の信用度が低いとマイナス評価に
4　事業内容が明確か
事業内容が多過ぎたり、内容に一貫性がなかったりすると説明を求められることも
5　資本金の額

資本金があまりに低いと審査に影響する恐れあり

6　なぜその金融機関を選んだのか

金融機関を選んだ理由を合理的に説明できたほうがベター

事例　公庫融資の着金先の信金でさらに融資を受けた税理士事務所

一般的に税理士は、月額課金の顧問契約が増えていけば安定した売上と利益が期待できるビジネスモデルなので、融資には興味をもたない人が多い印象です。積極的な広告出稿やマーケティングで集客しようと考える人も少ない傾向にありますが、創業後なるべく早く軌道に乗せたいなら、短期集中のマーケティングは大きな効果が期待できます。

税理士法人の設立を準備中だったGさんは、創業直後は一定の投資をすることでスピード感をもって成長したいと考え、私の会社に相談に訪れました。設立してすぐに日本政策金融公庫に融資を申込み、700万円を引き出すことに成功しました。

公庫で受けた融資は、金融機関の口座に振り込まれます。Gさんは創業支援にも積極的な地域密着型の地元信用金庫で法人口座を開設し、公庫融資の振込先口座として指定していました。

公庫の融資が着金した直後に、その信金に対しても融資を申し込みました。目的としては、運転資金として事務員の雇用や広告宣伝費に充てるとしましたが、まずは少額でいいのでその信用金庫と取引を始めたいことを熱心にアピールしました。

その結果、Gさんはその信金から300万円の融資を引き出すことに成功しました。こちらは信用保証協会の保証付融資です。これでGさんは公庫と信用保証協会の融資の、両方の実績を得ることができました。将来、より大きな資金が必要になった際に、双方から追加融資を受けやすくなります。

創業直後の早い段階で融資の実績をつくり、着実に返済して信用を積み重ねていくことで、将来のプロパー融資への道も開けやすくなり、成長を加速させることができます。日本ではとかく、コツコツお金を貯めることばかりを美徳とする風潮がありますが、ビジネスを志す人はお金を借りることで信用を貯めていくほうがはるかに役立つのです。

秘訣19／38 借入履歴、預金残高が将来の信用につながる

おさらいになりますが、金融機関が「融資したい」と思う条件は大きく4つあります。

一つ目に「自己資金、現預金を潤沢にもっている」、二つ目として「経験値が高いなど、事業を成功させる素養をもっている」ことが挙げられます。これら2つの条件を満たしていれば、「貸しても返してくれる可能性が高い」「貸し倒れリスクが低い」と判断されます。

三つ目が、「取引実績があること」です。会社を経営したことがない方は〝会社に借金がある＝マイナスイメージ〟ととらえがちですが、むしろ逆と考えるべきでしょう。

多くの会社は「お金を借りる→投資する→利益を出す→積み増した現預金を元に再び融資を受ける」という繰り返しで業績を伸ばし、大企業へと成長していきます。つまり、「お金を借りる」ことは事業、会社を大きくしていくための通過儀礼であり、融資の成功は、会社が歩む成長プロセスにおける〝テスト〟にパスしたようなもの。「事業がしっかりしている」「きちんと利益を出している」、だから「さらなる成長に向けて融資を実践す

る」という社会的評価にもつながります。

よって、過去に融資を実践し、返済実績がある会社には「また貸したい」と、金融機関のほうから申し出があるケースも珍しくありません。私の会社でも、こうして取引実績を積んできた経緯があります。言葉を変えれば、融資のハードルがいちばん高いのは最初の融資であり、最初さえパスすれば、その後の融資は比較的スムーズに運びやすいのです。

一度、借入・返済実績を積めば、他行からの借入もスムーズに

四つ目が、ちょっとユニークなのですが「他行に評価されている」ことが挙げられます。「他行がすでに融資をしている」「他行も貸したがっている」「より良い条件を出している」といった借入実績・評価を擁することで、別の金融機関でも稟議が通りやすくなるのです。条件面の交渉でも優位に働くことがあり、二行以上から調達することで、互いに監視の目をおくことができ、将来的には金利面で競わせるようなことも可能となります。

実際、私のお客さまでも、まだ一度も融資を受けたことがない会社が信用金庫へ500万円の融資の申請をしたところ、審査に落選。そこで、まずは公庫に融資の申請を

サポートしたところ、同額の500万円の融資が通りました。

その半年後、前にNGだった信用金庫に再度、融資の申込みをしたところ、当初断られた500万円の融資に成功した事例があります。

別のお客さまでも、創業直後にメガバンクに1000万円の融資の申込みをしたところ、あえなく却下されましたが、公庫で1000万円の融資に成功した半年後、そのメガバンクからなんと3000万円の融資が確定した事例もあります。

後者のメガバンクの融資に成功したケースは、ほかの経営者からメガバンクの担当者の紹介を受けられたこと、業績が非常に好調だったことが幸いした事例です。何の紹介もなく創業1～2年でメガバンクの融資に成功するのはレアケースとはいえ、一度目の融資の審査にパスし、業績を上げ、きちんと返済していれば、信用金庫などでの二度目の審査については、よほどのことがない限りパスするはずです。

公庫以外に融資の選択肢を増やし、預金残高を積み増す

また、創業前に公庫から融資を受け、その返済実績がまだない場合は、公庫から追加の

融資はできません。融資額が入金され、支払を開始してから最低でも半年、原則1年間程度、公庫からは追加の融資はできないと考えておくほうがよいでしょう。

私の会社でも、公庫から受けた融資は、創業時に800万円、1期目の決算終了後に追加で1000万円。2年間で合計1800万円と当時の上限額に近い額まで融資を受けました（現在は2期目までは基本的に1000万円程度が上限です）。その後も2期目決算が好業績だったことが評価され、追加で2000万円の融資を受けることができました。ただし、その間、公庫以外に、ほかの2つの金融機関から合計550万円の融資を受けられたことが、資金と気持ちの余裕につながったと考えています。

創業から2年間というのは、会社を成長させるうえで、非常に大事かつデリケートな時期です。想定以上に売上が停滞するケースもあれば、予想以上に売上が伸びたことで、仕入れや人件費がかさむこともあります。取引先の関係で、売掛金の回収が半年先に遅れ、帳簿上は黒字で潤っていても、社員に給与が払えないような窮地に陥ることもあり得ます。

こうした万が一に備える意味でも、公庫以外に融資先の選択肢を増やし、借入履歴、残高が蓄積していくことが大事なのです。

秘訣20/38 次の借入に備え、信用金庫に試算表を送る

首尾よく創業融資を引き出し、さまざまな手続きも一段落がつくと、小さな会社や個人事業主は、とかく目の前の業務に忙殺されがちです。

そこで当初の目標の進捗度合をチェックし、融資の備えをしていくうえで習慣づけたいのが、信用金庫に試算表を送付することです。

試算表とは、日々の売上や仕入、経費などの取引が正しく帳簿に転記されたかどうかを月次でチェックするために作るものです。

決算期末になってから、取引の記帳のミスに気づいても、遡って間違いを発見するのは大きな作業負担となります。そこで月ごとに、試算表を作成し、途中経過が正しいかを確認するわけです。

税理士と年間顧問契約を結んでいる会社ならば、基本的に毎月、あるいは数カ月ごとに作成した試算表が送られてきます。もちろん自分でも、会計ソフトを使えば専門的な知識がなくても、比較的簡単に作成することができます。

“プレ決算書”でより多く情報を開示し、融資提案のきっかけにする

試算表の提出先は公庫の融資を着金した信金でもいいですし、あるいはほかの金融機関でもいいでしょう。

なぜ頼まれてもいないのに、試算表を定期的に送る意味があるのでしょうか。

一つ目の理由は、定期的に情報開示をしておくことで、融資を受けられるチャンスが増えることです。

金融機関が中小企業の融資に及び腰になる理由の一つに、四半期ごとに決算発表を行う上場会社と違って、情報開示が不足している点が挙げられます。

特に中小企業は取引先も少なく、手掛ける事業も限られるため、ちょっとした外的要因により、業績が大きくブレるリスクがあります。

創業後3カ月の業績が好調でも、次の月には売上が急下降するようなこともまま起こり得るのです。

そこで、金融機関への〝安心材料〟として、年度（期）途中の財務状況、経営状況を開示する〝プレ決算書〟として、試算表を提示するわけです。

金融機関は、いい会社には積極的に融資をしたいと考えています。その融資提案のきっかけづくりとして、定期的に試算表を送付するのは有効な方法の一つなのです。

二つ目には、金融機関からの信頼感が得られることが挙げられます。

例えば決算時に数字を粉飾しているような会社は、年度途中の業績の推移はできるだけ明るみにしたくないと考えるはずです。定期的に数字を提示しておけば、金融機関としては最終的な決算との内容の整合性も取ることができ、〝ガラス張りの経営をしている会社〟というクリーンなイメージにもつながります。

ちなみに、すでに融資を受けている金融機関から、現状の業績を確認するために、「最近の試算表を提出してほしい」と言われることもあります。その際も速やかに提出できるよう毎月、試算表を作成しておけば、すでに付き合いのある銀行との信頼関係にもつながります。

三つ目には自社の経営状況の理解が深まる点が挙げられます。試算表を定期的に見る習慣がつけば、平均的な数字から大きく増えた科目や逆に減った科目などの変化、異常値も一覧で見ることができるため、いち早く会社の異変に気づくことができます。

数字に大きな増減、変動があった場合は直接、担当者に報告する

試算表を提出する際には、チェックされるポイントについても押さえておきましょう。決算書のチェックポイントにも通じますが、特に途中経過として重視すべき項目は、

・売上債権の推移（特定の得意先からの回収が滞っていないか）
・仮払金・貸付金が増えていないか（役員貸付金が長く放置されていないか）
・借入金はどうか。返済は予定どおり行われているか。他行との取引状況はどうか
・売上、利益の季節変動、サイクルはどうか

などが挙げられます。

もし数字に大きな増減、変動があった場合には、銀行の担当者にその原因、今後の見通

しなどを説明しておくのがベターです。

普段は郵送での送付で構いませんが、半年に一度、あるいは説明すべき事態が発生したときには、直接、担当者のもとに試算表を持参し、コミュニケーションを図っておくことも、長いスパンでお付き合いを継続していくうえで大事な作業です。

試算表や決算のタイムリーな報告が大事なことだと分かっていても、実際にやっている会社は少ないものです。差別化を図り、評価アップにつなげるためにもぜひ実践してください。

秘訣21／38　赤字・資金ショートに陥りやすい半年はこう過ごす

「その20」で挙げた、金融機関への試算表提出は、放漫経営に陥らないための〝自身にプレッシャーをかける〟材料にもなります。

特に手元資金が手薄になりやすい創業から半年間は、対応の遅れ、ちょっとした気の緩みが命取りになりかねません。とはいえ、創業時は日々の仕事に追われ、売上が思うように伸びていなくとも改善策が後手に回りがちです。一人でお金の管理もしていると、私的な用途で会社からお金を引っ張り、社長貸付金や仮払金がふくれ上がったり、使途不明金が増えたりといった〝どんぶり勘定〟に陥るケースも散見されます。

こうした放漫経営を防ぐために、〝第三者の監視の目〟を入れる仕組みとして、毎月、あるいは2〜3カ月に一度、金融機関に試算表を提出することを課すわけです。

融資を申込む先の担当者に会社の数字を見せるとなれば、「計画に沿って、毎月売上を伸ばしていこう」「ここまで売上を達成しないと利益が出ない」とモチベーションの源になります。従業員とも数字を共有することで、社内の士気を高める材料にもなります。独立はゴールでなく、あくまでもスタートに立ったに過ぎません。創業後も気を緩めることなく、会社の数字をしっかり見ていくことが安定的な経営基盤の構築につながるのです。

融資を受けるために「経費を入れ過ぎない」ことに注力する

融資担当者に試算表を提出し、お金の管理をきっちり実践していくうえでは、創業当初から「経費を入れ過ぎない」ことにも注力しましょう。

節税のために、無闇に経費を計上し、利益を最小限にしたり、赤字にしたりするケースも見受けられますが、融資を受けたいと考えるならばNGです。

法人の場合、役員報酬の設定も慎重さが求められます。額の変更は基本的に年1回となり、売上がなく払えずに未払いになったとしても、役員報酬に対する源泉所得税を納付しなければならず、個人で払う所得税や住民税にもはねかえってきます。

またいくら利益が上がっていても、借入金の返済が利益を上回れば黒字倒産のリスクも高まります。

以上のポイントに注意し、創業1年（期）の決算は少しでも黒字で着地することを目標に、月々の収支をプラスにしていくことを心掛けていきましょう。

秘訣22／38　借りたお金をスグに全額使わない

次の融資につなげる方法として、公庫からの借入を、信金の口座に着金するノウハウをご紹介しました。

しかし、せっかく評価アップにつながる預金残高を積み上げたところで、すぐにお金を引き出し、預金が底を突いてしまったとしたらどうでしょうか。

プラスに作用するどころか、「売上が想定より伸びず、資金繰りに困っている」、あるいは「金遣いが荒い。計画性がない」というマイナス評価につながってしまいます。

「現金を潤沢にもち、余裕がある」会社にこそ融資をしたいというのが金融機関のスタンスです。だからこそ、創業融資で資金を引き出したら、設備資金は別として、運転資金はなるべく使わず残しておくことが大事なのです。

決められた返済はスケジュールどおりに実践していくことは大前提として、売上、利益をきちんと出し、最低でも返済込みで毎月トントン、つまり収支をプラスマイナスゼロ、できれば少しプラスぐらいにもっていければ、融資を受けるごとに借りたお金が手元に残っていきます。

預金残高が貯まってくると余裕があるように錯覚し、財布の紐もつい緩みがちですが、「借りたお金を極力使わない」ようにすることも、万一の際の備えにつながります。

ムダ遣い防止の仕組みとして定期預金や定期積金を活用

現預金を着実に積み増していくことは、潰れにくい経営基盤の礎となるとともに、次の融資の審査、与信枠のアップにもつながっていきます。

私も創業して6年で合計3億4200万円を借入したものの、2億円以上が手つかずで預金口座にあり、その資金的余裕が次の融資にも有利に働く状況が続いています。

もし、お金があると使ってしまうというならば、定期預金や定期積金にして貯蓄しておきましょう。融資を受けたお金をムダ遣いしない仕組みをつくるとともに、定期預金や定期積金を契約することで融資を受けやすくなるという好循環が生まれます。

創業時に、半年間程度は売上ゼロでもしのげる程度の運転資金を準備しておくことも大事です。ビジネスの成功は、お金の使い方でも左右されます。融資の段取りとともに、準備した資金の使い道も計画立てておきましょう。

秘訣23／38 創業融資成功後のクラウドファンディングの活用法を知っておく

クラウドファンディングとは、製品やサービスのアイデア、プロジェクトをインターネットを通じて公開し、不特定多数の賛同者から資金を集める方法です。

もともと、米国で生まれた手法ですが、近年、日本でも飲食店の開業や本の出版、町おこしなどのさまざまなプロジェクトにおいて活用されるようになっています。

創業時の資金調達にどの程度有効かというと、クラウドファンディングですべてをまかなおうとするのは現実的ではありません。しかし、ビジネスの種類によっては、まずは公庫からの創業融資を受けたうえで、不足額を調達する際の手段として活用するのは一つの手です。

資金を集めるとともに、ビジネス・サービスの認知度アップも実現

クラウドファンディングには、いくつかのタイプがあります。

日本で最初に普及したのが「購入型」です。例えば、絵本の制作費を支援してくれた方に完成した絵本を提供したり、カフェの設立費用を募り、その特典としてコーヒー無料券を配布したりといった先行販売に近いスタイルで、ユニークな商品や魅力的なサービスを提供するスタイルです。支援者に「欲しい」と思ってもらえる特典を用意できるかどうかが成功のカギとなります。

「投資型」と呼ばれるものは、支援した事業の売上や利益に応じて、配当、あるいは商品やサービスを受け取ることができるタイプです。今までなかった新しいビジネスモデルを開発する会社への投資などに利用されることが多いです。

そのほかにも事業者を通じて出資者を募る「融資型」、まだ上場していない会社の株を購入するタイプの「株式型」などがあります。

やり方はさまざまですが、クラウドファンディングには共通するメリット、デメリットがあります。

第一のメリットは「誰でも挑戦できること」。事業経験が浅く知名度がない個人や企業であっても、クラウドファンディングを運営する会社の審査が通れば誰でも利用が可能です。

第二に、「マーケティング効果が得られること」が挙げられます。支援者と開発段階からコミュニケーションを取ることができるため、細かい要望やニーズを拾い上げ、プロジェクトに反映させることも可能です。支援者の男女比や年齢層から、どのような人たちが興味をもってくれるのかなどの情報を得ることもできます。

それに関連し、第三には「PR効果」が得られることです。ウェブ上に商品やサービスの概要が掲載できるため、資金集めをしながらPRにもつながります。話題になると、SNSで拡散されたり、メディアで取り上げられたりするなど、さらなる知名度アップも期待できます。

一方、デメリットとしては「資金調達に時間がかかる可能性があること」や、「アイデアを公開することで真似されるリスク」「必ずしも成功するとはいえないこと」があります。さらに、もし資金調達に成功しても、「万が一、プロジェクトに失敗した際の支援者とのトラブルが発生するリスク」などが挙げられます。

運営会社に払う手数料は総支援額の10～20%が目安

実際にクラウドファンディングで資金を集める際には、

・支援額とリターンが釣り合うか

・目標とする金額に根拠があるか

・プロジェクトの目的がはっきりしているか

などに留意しながら進める必要があります。また、これらのポイントをクリアにしたうえで、投稿プロジェクトの内容が、文章や写真、動画なども活用し、分かりやすくまとまっているかも肝要です。「いいね！」という評価を得られるような見せ方の工夫も大事です。

クラウドファンディングサイトの運営会社に払う手数料も事前にチェックしておきましょう。

手数料の目安としては総支援額の10～20％です。高いか安いかの感じ方はそれぞれですが、目安として広告費として売上の10～20％を使うと考えれば、そう高額ではないという見方もできます。通常の手数料に加えて、決済手数料がかかる会社もあります。

まだ新しい手法ではありますが、支援者の賛同を集めながら、資金を集めるとともに、ビジネスやサービスの認知度アップも実現し得る手法として覚えておきましょう。

＊コラム　創業前と創業後では融資の額はこんなに違ってくる

事例　創業3カ月後に運転資金として300万円融資を受けた中華料理店

「創業してみたものの、想定よりも売上が伸びず、手元資金が尽きてしまいそう……」。

そんな想定外の出来事が発生した際、創業後でも運転資金の融資を受けることは可能なのでしょうか。創業前と創業後では、どの程度、借りられる額が変わってくるのかも含め、事例を挙げて解説していきましょう。

Hさんは、中華料理店を創業して3カ月目。創業時には融資を受けなかったものの、店を開けてみたら、運転資金に不安を覚えたところから相談に来ました。

希望額は５００万円。しかし、結果的に融資を受けられたのは３００万円となりました。

Ｈさんのケースで、創業前と創業して数カ月経過したあとでの必要となるお金、融資を受けられる額の目安を比較してみましょう。

・創業前に借りる場合

設備資金　内外装工事　１５０万円
　　　　　備品　50万円
　　　　　保証金　１００万円
運転資金　人件費・仕入れ・広告宣伝費等　３００万円
必要な資金の合計額　６００万円

・創業数カ月後に借りる場合

設備資金　既にＯＰＥＮしているため０円
運転資金　人件費・仕入れ・広告宣伝費等　３００万円
必要な資金の合計額　３００万円

金融機関は使用用途が明確な資金しか貸してくれません。創業前や創業直後であれば、設備資金という名目で融資を受けられたのが、数カ月経ってしまうとすでに設備資金は、使用してしまっているため、借りられる金額も少なくなります。

Hさんも創業前であれば500万円程度の融資を受けられる可能性はあったものの、運転資金として借りられる金額の目安は月商の2~3カ月分程度になります。創業から時間が経過してしまうと、お金を借りることができても、創業当初に支出している設備投資の分、減額されてしまう可能性が高いことを覚えておきましょう。

秘訣24/38 経済危機や災害対応の特別枠を活用しよう

事業を営んでいると、自分ではどうしようもできない突然の環境変化で資金繰りが悪化することがあります。2020年からの新型コロナウイルスの感染拡大は、まさに典型例です。

こうした突発的な資金需要にこたえるため、国では公的な信用保証制度を用意しています。「セーフティネット保証」と「危機関連保証」です。

これらの制度では、地域の信用保証協会が80％から100％の保証をしてくれます。100％の保証を受けられれば、たとえ貸出先が倒産しても金融機関にはリスクがないので、危機によって業績が悪化している場合でも貸し出しのハードルは大きく下がり、融資を受けやすくなります。

しかも、すでに信用保証協会の保証付融資を受けている場合でも、融資限度額が別枠になります。一般保証での無担保融資の限度額は8000万円ですが、セーフティネット保証と危機関連保証でも、それぞれ同額の限度額が設定されており、要件を満たせば併用も可能です。

セーフティネット保証は1号から8号まであり、危機関連保証と合わせると9つの制度があります。平時は利用できませんが状況に応じて利用できるようになります。コロナ禍ではセーフティネットの4号と5号、危機関連保証の3つの制度が実施されました。5号の保証は80％ですが、4号と危機関連保証は100％の保証を受けられます。

1号：連鎖倒産防止
2号：取引先企業のリストラ等の事業活動の制限
3号：突発的災害（事故等）
4号：突発的災害（自然災害等）
5号：業況の悪化している業種（全国的）
6号：取引金融機関の破綻
7号：金融機関の経営の相当程度の合理化に伴う金融取引の調整
8号：金融機関の整理回収機構に対する貸付債権の譲渡
危機関連保証制度（大規模な経済危機、災害等による信用収縮への対応）

さらに、日本政策金融公庫など政府系金融機関も、「新型コロナウイルス感染症特別貸付」という制度を実施しました。売上高が5％以上減少などという要件がありますが、こちらも一般の融資とは別枠で8000万円の上限が設定されています。

しかも、運転資金であれば返済期間は15年と長く、返済しなくてもよい据置期間は最大5年です。しかも、金利も6000万円までの範囲で、融資後3年目までは基準利率からマイナス0・9%に設定され、さらに3年目までは要件を満たせばその利子がキャッシュバックされて実質無利子になるなど、非常に有利な条件で融資を受けられます。

融資を受けられる上限額も、平時であれば月商の3倍程度ですが、コロナ関連の融資では固定費の1年分程度まで借りられている人がいます。たとえ1年間売上がゼロであっても、固定費だけはなんとか支払っていけるよう配慮がなされていたと考えられます。

こうした制度はコロナ禍による経済危機だけでなく、何らかの理由で一時的な資金繰り難が生じたときに実施されます。自然災害が起こった際は、被害を受けた地域限定で実施されることもあります。

危機により資金繰りが悪化したときはもちろん、それほど大きな被害を受けていない場合でも、そのあとは何が起こるか分かりません。手元のキャッシュを手厚くしておくに越したことはないので、利用できる場合は積極的に利用するのがよいでしょう。

何らかの危機が生じてこれらの制度がスタートすると、金融機関はその対応に追われるので、スピーディに行動して一刻も早く資金の手当てをしたいものです。

事例　コロナ融資で1億6000万円の融資に成功し、戦略的投資につなげる

手前みそではありますが、私の会社の事例を紹介します。コロナ禍の期間全体を通してみると、業績を伸ばしているのですが、最初の緊急事態宣言が出た当時は、ウェブ広告事業で大口顧客の出稿が止まり、売上が大きく落ち込みました。公庫の新型コロナウイルス感染症特別貸付の要件を満たしたことから、まずはこちらで融資を申し込みました。

・2020年4月　日本政策公庫　4800万円（このうち2800万は借換、純増2000万円）

公庫ではすでに1・4％の利率で借入を行っており、残債は2800万円ありましたが、コロナ融資を活用して全額借り換えし、追加で2000万円の融資を受けました。借り換え分は3年間実質無利子となり、4年目以降は1・36％とそれでも従前の利率を下回ります。しかも1年間の据置期間が設けられ、コロナ禍での資金繰りが安定しました。

・2020年7月　三井住友銀行　6000万円

続いて、信用保証協会のセーフティネット保証4号を使った融資も申し込みました。3年間は実質無利息で4年目以降も2％程度という優遇を受けられたうえ、本来、保証付融資で必要になる保証料が免除されました。通常、6000万円もの融資を受ければ数百万円の保証料を求められますが、これがゼロというのは非常に有利になります。

しかも、運転資金の使途で借入れた場合、通常は5年程度の返済期間になりますが、このときは10年に設定してもらうことができました。返済期間は長いほど、毎月の返済額は小さくなるので資金繰りは圧倒的にラクになります。

・２０２０年９月　興産信用金庫　１５８４万円（借換）

こちらはすでに２％ほどの金利で受けていた融資を、セーフティネット保証４号を使って借り換えしました。３年間は実質無利息となり保証料はゼロ、４年目以降は金利２％程度に戻るのですが、３年間の金利分のコスト削減に成功しました。

・２０２０年９月　巣鴨信用金庫　５００万円（借換）　５００万円（純増）

この金融機関では、プロパー融資（信用保証協会の保証を使わず金融機関がリスクを取る融資）の借り換えに成功しました。借入と返済の実績が積み上がり、金融機関に優良顧客だと認められれば、プロパー融資であっても有利な条件で追加融資や借換ができます。この借換では金利を０・５％程度下げることができました。

・2021年1月　りそな銀行　8000万円（追加融資）

こちらは信用保証協会の危機関連保証枠を活用し、返済期間10年という長期で上限の8000万円まで借りることができました。本来なら数百万円必要な保証料もゼロ、保証協会のコロナ融資枠を活用した三井住友銀行と興産信用金庫の融資を合わせて1億円までは、3年間は実質無利息です。1億超の部分もかなり優遇されました。

こんなにも大きな額の借金をして大丈夫なのか、と思われる方もいるはずです。誤解してほしくないのですが、融資を受ける目的は手元資金を手厚くすることであって、調子に乗って無駄遣いするためではありません。

ただ、成長するためのチャンスとあれば、惜しみなく投資します。実際、この資金があったからこそ、コロナ禍で舞い込んだ予期せぬチャンスに飛び乗ることができたのです。

そのチャンスとは、神奈川大学が横浜・みなとみらいキャンパスの一部でテナントを募集しているという話でした。

こんなすばらしい立地でビジネスができるチャンスはそうそうないので、迷うことなく決断しました。もともと、いつかコワーキングスペースの経営にチャレンジしてみたいという思いがあったので、ぴったりの立地だと判断したのです。

コワーキングスペースは２０２１年９月にオープンし、おかげさまでたくさん利用されています。開業までには数千万円の投資が必要でしたが、融資で潤沢に用意していた手元資金を活用してスピーディーに話を進めることができました。

絶好のチャンスはいつ飛び込んでくるか分かりませんし、もたもたしていたら他社にもっていかれてしまいます。普段から手元資金を厚くしておけば、こうしたときに迷いなく決断することができるのです。

融資は一度受けたら終わりではない

私の会社はコロナ禍で５つの金融機関から融資を受けましたが、そのうち３つは借換で、すでに受けている融資の金利を下げてもらいました。融資は一度受けたら終わりではなく、チャンスがあれば積極的に〝メンテナンス〟をして、より有利な条件に変更していくべきです。

例えば信用保証協会のコロナ関連融資は、4000万円までは（実施当初は3000万円まで）3年間実質無利子で、保証料の減免も受けられました。さらに返済しなくてよい据置期間が設定されたり、返済期間が延びたりと融資の条件が劇的に改善します。

いずれ返さなければいけませんが、それでもコロナ禍のような危機的な状況下で返済しなくてよい期間があることで資金繰りは劇的にラクになります。そして、返済条件も緩和されるので契約どおりの返済がしやすくなり、結果的に金融機関の信用も上がります。

セーフティネット保証や危機関連保証が実施されるような局面では、たとえ足元の資金繰りに大きな問題がなかったとしても、融資の要件に当てはまるのであれば最大限借りておくことが有利となります。

事例　コロナ融資で借換と追加融資、金利負担を軽減し返済期間延長に成功した広告代理店

広告代理業を営むIさんは、新型コロナウイルスの感染拡大で顧客企業からの出稿が突如として激減、売上がコロナ前の半分まで落ち込みました。広告代理店は比較的、コロナ禍の影響は小さい業種であるともいわれますが、主要な顧客が旅行やブライダルといった業種であれば当然打撃は大きくなります。

Iさんはすでに日本政策金融公庫で1000万円の融資を受けており、順調に返済中でした。しかし、こうした危機に見舞われれば返済はもちろん、日々の固定費の支払いも厳しくなります。そこで、公庫の「新型コロナウイルス感染症特別貸付」の利用を申し込みました。

この制度を利用するには複数の要件がありますが、創業して1年1カ月未満の場合は、直近1カ月間の売上高が過去3カ月と比較して5％以上減少しているなど、あまり厳しい基準ではないので利用しやすい制度です。Iさんはすでに借りていた1000万円をこの

制度を使って借換し、さらに追加で1000万円の融資を受けることに成功しました。

借換前は1・7％の金利で、3年の返済期間が設定されていましたが、借換をしたことで3年間は実質金利がゼロ、4年目以降も1・36％と金利負担が大幅に軽減されました。さらに、返済期間は6年に延びたうえ、返済の必要のない据置期間が1年設定されたので、その1年間は毎月数十万円あった返済がなくなり、資金繰りが大幅に改善しました。

広告の場合、出稿が止まった業界もあれば、ECサイトなど広告出稿を大幅に増やした業界もあります。融資を受けて立て直している間に、元気のよい業界で取引先を開拓するなどすればビジネスを再び軌道に乗せることは十分に可能です。

《創業1年目》融資を受けやすいタイミングを逃さず、売上アップを目指す

秘訣25／38 二行目は信金への定期積金で、預金担保融資を引き出す

「公庫からの融資を信金の口座に着金させる」「その信金に試算表を定期的に送る」など、二行目の融資先ターゲットとなる信金とのパイプづくりについてご紹介してきました。

ここでは、もう一つ、信用金庫との取引実績をつくるために、誰でもできる手軽な方法として「定期積金」加入について解説します。

定期積金とは、信用金庫、信用組合などで主に取り扱われており、定期的に掛金を払い込み、満期にまとまった給付契約金を受け取れる積み立て型の金融商品です。

本来、毎月、計画的に一定額を積み立て、それぞれの用途に合わせた目標額の達成を目指すために活用する商品ですが、その預金を担保に融資を受ける方法が「預金担保融資」と呼ばれるものです。

実は私の会社でも、この「預金担保融資」を利用しました。

創業してすぐに興産信用金庫で定期積金を毎月10万円でスタートし、5カ月を経て50万円が貯まったタイミングで、「定期積金を担保に融資を受けませんか？」という提案を信金サイドから受けたのです。

50万円の「預金担保融資」が500万円の保証付融資を引き出した

創業して間もない会社に、このような提案があったのには、信金サイドにもメリットがあるからです。

信金の担当者は、四半期ごと、つまり3月、6月、9月、12月ごとに、「預金残高」「貸付残高」「新規獲得数」などのノルマを達成する必要があります。

預金担保融資は、定期積金という商品販売による「預金残高」の増加とともに、「貸付残高」の増加にもつながる、担当者にとってノルマ達成にうってつけの商品といえます。

また、定期積金が担保になるので、信金サイドにリスクはありません。積立金額と同額程度の融資ならば、問題なくすぐに審査が通ります。

私の会社でも信金の担当者から提案があった6日後には、定期積金の額と同じ、50万円の融資が実行されました。

では、借りるほうにはどんなメリットがあるのでしょうか。積金額と同じ額の融資では、「意味がないどころか、利息を払う分損するのでは」と思われるかもしれません。

しかし、〝エビで鯛を釣る〟ではありませんが、スモールステップで関係をつくっておくことが、将来の融資の大きな布石にもなり得ます。

私の会社では、50万円の預金担保融資を実践することで、創業2期決算終了後に同じ信金に融資を申し込んだところ、信用保証協会を通じて500万円の保証協会付融資を受けることができました。

500万円の融資に成功したのは、もちろん決算が良かったということが大前提にありますが、そもそも何の取引もなければ、スムーズにはいかなかったでしょう。これも定期積金を担保に融資を受け、きっちり返済を実施することで、借入実績と返済実績、担当者との信頼関係を構築してきたからこその成果です。

一般的に公庫より、信用金庫のほうが関係性を構築するのはハードルが高くなるため、パイプづくりとともにお金のムダ遣いを減らすうえでもやっておいて損はありません。

私の場合は、創業して1年半で預金担保融資を実施しましたが、創業1～2年目に、二行目、三行目のパイプづくりをするうえでも大いに活用できる方法だと思います。

金融機関の担当者との信頼関係を戦略的に築くコツ

すでに付き合いのある信金の担当者から、ノルマ達成のために定期積金の契約を依頼されることもあります。もし資金繰りに問題がなければ、金融機関の担当者の申し入れに対し、定期積金のほかにも、給与振込、保険、投資信託、外貨預金などの取引で、成績アップに協力することも、会社の財布を預かる社長のたしなみともいえます。その後の融資、かつ、プロパー融資のステージに上がった際の金利交渉を有利に運ぶ材料にもなります。

私もムリのない範囲で、担当者からの申し入れがあれば、クレジットカードの加入、投資信託などの金融商品の購入に協力しています。

また、ホームページに掲載されているキャンペーン情報などもまめにチェックし、金融機関が勧めたい商品について知っておくことも、関係構築の潤滑油になります。融資の交渉を有利に進めるうえでも、金融機関とは戦略的にwin-winの関係を築いていきましょう。

秘訣26／38 信金からの借入は信用保証協会を通じた〝保証付融資〟がキホン

先に挙げた預金担保融資がちょっとした〝飛び技〟ならば、信用金庫から融資を受ける際のメインルートが保証協会付融資になります。

保証付融資について解説する前に、まずその保証を請け負う母体となる「信用保証協会」について押さえておきましょう。

信用保証協会とは、中小企業や小規模事業者が金融機関から事業資金を調達する際に、保証人となって融資を受けやすくなるようサポートする公的機関です。全国各地に51の信用保証協会があり、地域に密着して業務を行っています。

保証付融資とは、信用保証協会が保証を行う融資のことを指し、万が一、借主の返済が滞った場合、借主に代わって同協会が金融機関に立て替え払いをすることになります。

保証を利用する際には、借主が同協会に所定の信用保証料を支払うことになりますが、原則として連帯保証人や担保は必要ありません。

同協会のデータによると、現在、日本の会社の99％超を占める中小企業約359万社のうち、約118万社がこの信用保証を利用しています。その9割は従業員数が20名以下の会社で、公庫の創業融資と並び、中小企業にとって借入の主なルートであることが分かります。

ちなみに、同協会の保証が付かない、金融機関が直接貸付を行う融資のことをプロパー融資といいますが、金融機関との取引歴が浅い小さな会社がプロパー融資をいきなり受けられるケースはほぼありません。

信用保証協会の審査に通ることが第一条件となる

保証付融資を申込む際には、次のようなステップに沿って手続きをします。

1　保証の申込み

代表的な申込み窓口は金融機関と信用保証協会です。また、地方自治体や商工団体（商工会議所や商工会など）が、金融機関、信用保証協会の三者協調で行う「制度融資」の場合は、自治体や団体が受付窓口になります。

信金経由の場合は、窓口で融資を申込む際に、信用保証の手続きをします。該当する信金が融資に該当すると判断した場合、必要書類を金融機関経由で信用保証協会に提出することになります。

次に事業を行う管轄区域の信用保証協会に出向き、相談ののち、申込書が渡されます。申込書に記入し、必要書類を添付のうえ、提出します。

2　保証審査

申込みが受け付けられると、信用保証協会において保証審査を行います。審査過程においては、訪問や面談が実施される場合があります。

3　保証承諾

審査の結果、保証がＯＫとなった時点で、信用保証協会から金融機関に対して「信用保証書」を発行します。

4　融資スタート

信用保証書に記載された条件に沿って、金融機関から融資が実行され、その際に所定の信用保証料を金融機関経由で支払います。

5　返済

返済条件に基づき、金融機関に借入金を返済します。

申込み時に提出する主な書類は以下になります。

・信用保証委託申込書（保証人等明細）
・申込人（企業）概要
・信用保証委託契約書
・個人情報の取り扱いに関する同意書
・確定申告書（決算書）
・商業登記簿謄本
・印鑑証明書

ケースによってはこれ以外の書類が必要なこともありますので、事前に信用保証協会や金融機関、自治体に問い合わせておくとよいでしょう。

実際に公庫からの融資を受けた直後に、信用保証協会からも追加で500万円の融資に成功したお客さまの事例を紹介します。

ECサイトによるアパレル業を創業したJさんのケースです。Jさんは、ウェブ広告の会社での5年間の経験と人脈を元に、創業を決意しました。

仕入れは海外のアジア諸国から行う計画で、アパレル業界については素人だったものの、店舗運営の経験があり、ウェブ広告時代に出会ったタレント事務所の社長からの紹介を受けたことで、現役モデルと今後のトレンドを踏まえた仕入れを実施。モデルの知名度を活用し、サイト上にもモデルとして登場してもらう仕掛けを確立します。

創業時には公庫に打診し、売上想定と自己資金300万円を提示し、公庫から500万円の希望額で融資の面談に臨みます。認定支援機関の存在も知らないまま、個人で面談に挑戦したため、融資金額の交渉が予想より下回り、200万円の融資となりました。

ところが事業を開始してみると、ウェブの売上が順調に伸び、商品の仕入れ資金を調達する必要に迫られます。

保証付融資の融資額目安は運転資金3カ月分程度

そこで、私の会社に相談にみえ、自治体を通じた信用保証協会による保証協会付融資を検討し、追加の500万円の融資に成功しました。

ECサイトのビジネスは、一般的に融資審査が通りにくい業種です。なぜなら、歴史が浅いため、実店舗などと違い成果が判断しにくいので、面談に立ち会う経験豊富な融資担当者も判断に迷うようです。

Jさんは、創業支援の段階から、登場するモデルのインスタグラムやツイッターなどのファンがどの程度いるのかを数字で提示したり、プレ販売をしたりして、実際に売上が伸びることをプレゼンできる具体的な数値、書類を提出しました。こうした目に見える数字を提示できたことが、最初の融資の成功につながったのです。

追加で保証協会付融資が成功したのは、ネットでの反響が高く、想定よりも売上が伸びていたこと、事業拡大の見込みとして実店舗出店も予定していたこともあり、設備費用も申請に上げ、認められました。

自治体を窓口にした信用保証協会融資制度手続きの流れについても、サポート事例を参考にご紹介します。

1　信金に融資希望がある旨を伝え、可能かどうかの打診
2　信金に許可をもらい、必要書類をもらう
3　自治体の融資窓口にて面談予約
4　面談実施。次回面談の予約取得
5　必要書類を準備し、面談。今後の流れについて確認
6　斡旋の書類をもらい、信金に提出
7　信金に調整してもらい、保証協会との面談を自社にて実施
8　必要書類を追加で提出し回答待ち
9　審査終了

「制度融資」は、金融機関、信用保証協会、自治体の三者協調が必要

地域にもよりますが、このときは自治体の専任である中小企業診断士と面談を行います。通常、1週間に1度、面談日程が組まれており、平均して3～4度、面談を受けるスケジュールで進められます。

つまり、平均して面談だけで3～4週間の期間が必要となり、通常、審査自体には平均2カ月かかるといわれています。

私の会社でサポートしたケースに関しては、初回面談の際に作成する書類を確認し、不備もなく提出しています。面談は2回、申込みから約2週間で手続きが完了した人もいました。

「制度融資」の場合、金融機関、信用保証協会、自治体の三者とのやりとりが必要となり、相応の時間、手間がかかります。

ただし、基本的に信用保証協会の審査さえ通れば、金融機関で断られるケースはまれです。信用保証協会の面談さえクリアすれば、融資が可能となると考えておいてよいでしょう。ちなみに信用保証協会での面談内容は、公庫の創業融資の際にしっかりと対策を練っ

た人であれば、問題なくパスできる可能性が高いです。

公庫の場合、創業融資を受けると、その後、約1年間は公庫からは次の融資が原則受けられず、上限額も決まっています。

創業1年目で二行目から融資を受ける方法として、保証付融資の流れ、手続きを押さえておきましょう。

秘訣27／38 与信枠も踏まえ、短めの5年返済で2期目に備える

融資を受けた際の返済期間については、公庫の「新創業融資制度」の場合、運転資金で最長7年以内、設備資金は規定は20年以内ですが、基本は10年となります。

ただし、これはあくまでも原則であって、創業1、2年で複数の金融機関と付き合うなら、1回で借りられる額、決められた与信枠も踏まえて、返済期間についても戦略的に考えていく必要があります。

オススメは1回目の返済期間を短めの5年に設定。こまめに借りて、実績を積むことで

す。公庫の場合、創業後2年間の上限は1000万円程度に決まっています。

もし、飲食店などの店舗ビジネスで、1回目の融資で1000万円借りられて、複数店舗出店の予定がないならば、ムリのない7~10年返済のほうがベターかもしれません。

しかし、初回に個人で手続きをして、1000万円満額借りられるケースはほとんどありません。創業融資が300~500万円程度とするならば、5年返済にしておけば、1年（期）目の決算時には20％程度、返済が完了します。業績が順調であればという条件付きですが、2年（期）目に公庫の与信枠の残りに再びチャレンジすることも可能となります。

事例　信用情報にキズがあっても、公庫＋入金口座を作った信用金庫から合計800万円の融資に成功

私のお客さまで過去に支払遅延（信用情報にキズ）がありながら、公庫だけでなく、信用金庫からの保証付融資に成功した事例を紹介します。

Kさんは、前職で芸能人のマネージャーをしており、人脈づくりのために交際費などをポケットマネーで払うことも多いためか、クレジットカードの支払遅延の履歴がありました。

ご本人から事前に申し出があり、CICで信用情報の資料を取得していただいたところ、直近2年で10回の遅延がありました。

審査上ではアウトになりかねないマイナス材料ですが、直近半年では一度も遅延がなかったことは不幸中の幸いでした。直近半年で一度でも支払い遅延があれば、おそらく融資を申し込むことも難しかったはずです。

公庫の入金先として信金に口座開設。メインバンクにし、融資に成功

そのほかの審査のポイントとなる過去の経験、自己資金に関していうと、経験値は完璧だったものの、自己資金が乏しく評価を受けにくい状況でした。

しかし、創業半年で毎月安定的に80~100万円の売上があり、公庫との面談時にも通帳残金が80万円程度残っていたことが評価につながりました。

本来ならば創業時が最も融資を受けやすいものの、創業後から数カ月、売上が安定していれば、その後も順調に業績が推移するだろうと判断され、融資を受けられる確度が上がります。

こうして公庫から500万円の融資に成功。さらに融資を受けたお金の入金先として、開業場所の近所にある某信金に口座を開きました。

支払先も同信金に指定しメインバンクにしたことで、その2カ月後に信金からも300万円の融資に成功します。

もちろん、信用金庫ならばどこでもKさんのように融資を受けられるわけではありません。

まずは創業支援に積極的な信金をチョイスし、事業の売上をしっかり伸ばしていく。さらに信金とのパイプをしっかりつくることで、たとえ過去の条件が悪くとも融資の交渉は可能となることも覚えておきましょう。

秘訣28／38 公庫＋信用金庫の協調融資はこう使う

「〇万円借りたい」と思っても、一つの金融機関では希望金額を借りることができないケースがあります。その場合に、選択肢の一つとして検討したいのが協調融資です。

協調融資とは、複数の金融機関が一つの会社の融資に対し、貸出金額、分担割合などを協定し、貸付は個々に行う仕組みです。一つの金融機関から「すでに借入があるので融資を受けることができない」といった場合も、協調融資を利用すれば複数の金融機関から融資を受けられ、希望どおりの資金調達も可能となります。

公庫でも、全国の信用金庫をはじめ民間の金融機関と業務提携をしており、2016年には年間1万9000件の協調融資を実践しています。

融資実行に2~3カ月程度かかることもある点には注意

私のお客さまで、協調融資に成功した事例を紹介しましょう。

飲食店の開業時に一店舗で1000万円以上の融資は一般的に厳しいのが現実ですが、

図表10　日本政策金融公庫・信用金庫の協調融資の図

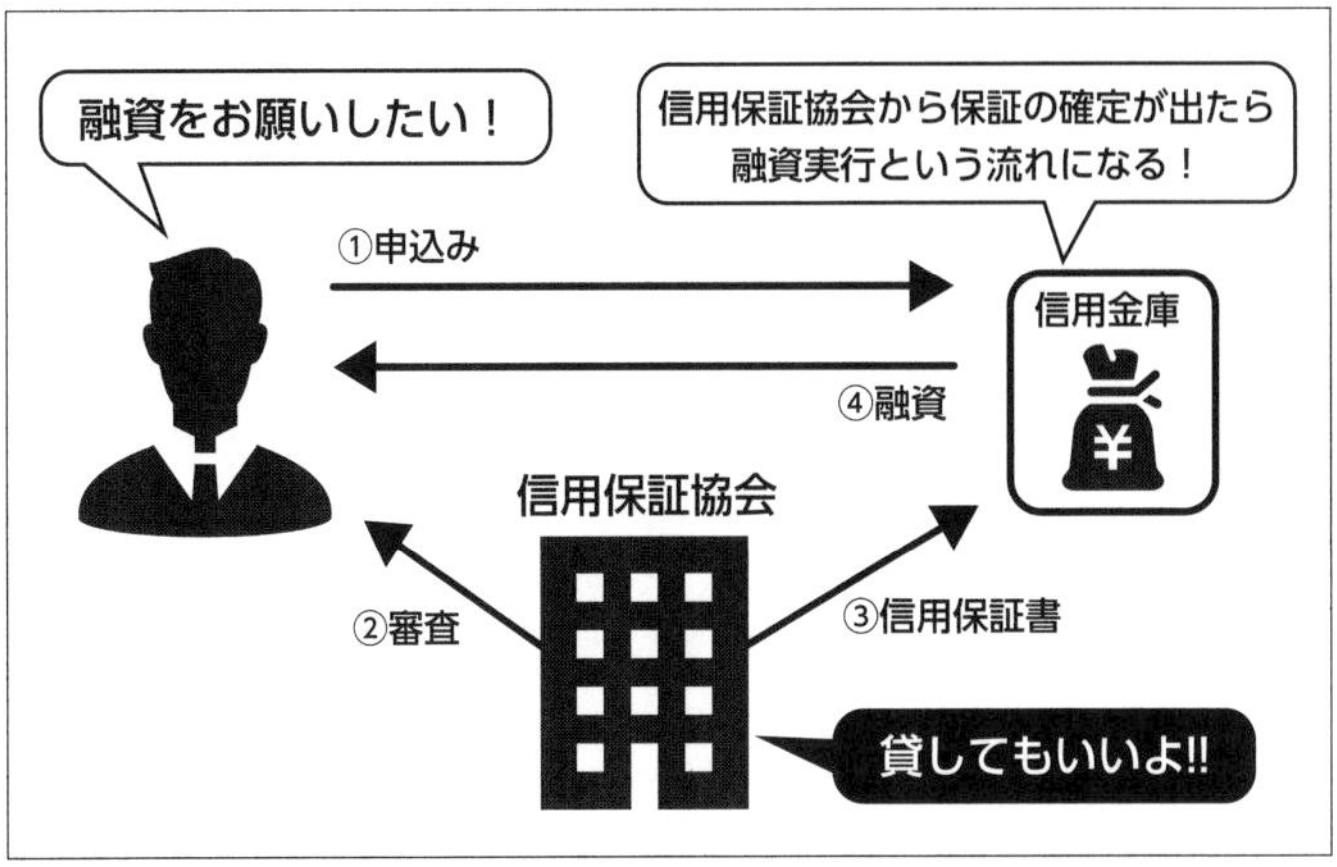

公庫と信用組合の協調融資を利用し、1500万円の融資に成功した事例があります。

また、すでに2000万円の借入があり、追加で1400万円の借入を希望しているお客さまがいらっしゃいました。一行であれば難しいところですが、公庫とほかの金融機関との協調融資で、満額の融資を引き出すことに成功しました。

「支店決裁枠を超えて資金調達をしたい」「どうしても追加融資の必要がある」場合などには有効な協調融資ですが、一つ難点があります。

それは審査に時間がかかること。一般的に公庫の場合、融資の申込みから入金まで約1カ月で終了します。しかし、信用金庫などの場合は信用保証協会の審査もあるため、手続き終了までに2～3カ月ほどかかります。結果、協調融資に際しては資金調達までにトータル3カ月程度かかる可能性があります。

協調融資を利用する際には、時間がかかることを大前提に計画的に手続きを進めるようにしましょう。

秘訣29／38 金融機関に応援される決算書、嫌われる決算書について知る

創業後、1年（期）目以降に融資を受ける場合、審査の資料として会社の決算書（個人事業主の場合は確定申告書）を提出することになります。

では、融資担当者は決算書の項目のなかでもどこに注目しているのでしょうか。金融機関に応援される決算書、嫌われる決算書のポイントを解説していきます。

1　まず損益計算書の利益をチェック

決算書には「貸借対照表（BS）」「損益計算書（PL）」「キャッシュフロー計算書（CF）」の3種類がありますが、特に小さな会社の場合は、まずPLの利益が重視されます。

利益には5種類ありますが、融資の審査では主に以下の3つが見られます。

・売上総利益

売上から原価を引いた利益で、いわゆる「粗利益」と呼ばれるものです。もし粗利がマイナスであった場合、常に原価割れ販売の状態を意味します。ビジネスモデルそのものに問題があり、まず融資は難しいと考えるべきでしょう。

・営業利益

売上総利益から人件費などの必要経費を引いて算出します。いわゆる本業によって得られる利益を指すため、営業利益が赤字の場合、返済力が低いと判断されます。

・経常利益

営業利益に投資や借入の利子などが計上された利益です。経常利益が黒字の場合、融資をした際に、ほかの利息等の支払をしても会社に利益が残っていることを表しますが、赤字の場合は事業全体の収益が悪いと判断され、マイナス評価となります。

つまり、審査の第一のポイントは黒字か否かです。赤字の場合は、審査は厳しくなります。ただし、赤字が一時的なものならば、短期で黒字に戻すことが可能であるという説明ができれば挽回も可能です。

また、創業から7~8カ月が赤字だったとしても、9カ月目から黒字転換し、売上・利益が伸びている、あるいは、まだ赤字でも黒字転換の兆しが見える将来性をプレゼンできれば、創業から徐々に右肩下がりになっているようなケースよりも、ポジティブに判断されます。

2　純資産（=会社の自己資本）で自己資本比率を見る

ＢＳに表示される純資産は、会社の総資産から負債を引いて算出した自己資本を示します。負債が多く自己資本比率が低い場合、債務超過と判断され、融資は難しくなります。

中小企業の一般的な自己資本比率は15％程度です。万一、それを下回り、債務超過の状態ならば、経営改善計画を作成し、経営をどう立て直すかの説明が必要となります。

3　フリーキャッシュフロー（使用できる現金）がどれぐらいあるかを確認

フリーキャッシュフローとは、設備投資費用や営業活動に必要な費用を支払ったあとに残る「会社が利用できる現金」です。これが潤沢にある会社は、融資の返済に充てられる現金があることを指し、評価につながります。

そのほかのポイントとしては、以下の項目に注意しましょう。

4　役員貸付金が多いとNG

中小企業では、会社から社長などの役員へ貸付をしているケースがあります。しかし、役員貸付金があると、「融資を受けた資金も社長の個人的な用途に使われるのでは」と判断されるため、審査においては良い印象を与えません。

具体的な対処法はP227で解説しますが、融資を受けるならば早めに解消しておくべきです。

5　売掛金が多過ぎると嫌がられる

決算時に、未回収の売掛金があること自体は問題ではありませんが、売掛金が多過ぎる決算書は融資担当者を不安にさせます。

審査の評価を良くするためには、取引先や取引条件を見直すなど、売掛金回収までの期間を短くする努力をしていることを示すのがベターです。

6　仮払金、立替金を少なくしておく

何に使用するお金か明確に判明していない「仮払金、仮受金、立替金、預り金」が多く計上されているのも良い印象を与えません。使途不明金はなるべく少なくしておきましょう。

7　税金はきちんと払う

法人税、消費税などの税金をきちんと支払っていることもポイントです。融資を受けるうえでは過度の節税はＮＧと心得ましょう。

8　担保にできる不動産があるとプラス評価

担保にできる不動産があると、低利の担保付融資を受けられる可能性が広がります。

9　所有している土地、有価証券の価値を確認

決算期には所有している資産の価値を確認し、含み損が出ていないか、あるいは担保になり得るかなどを確認しておきましょう。

10　現金化可能な固定資産があるとプラス評価

会社や社長が所有している固定資産のなかで、すぐに現金化できるものや、今後の資産価値が下がりにくいものは、担保として認めてもらえます。

11　毎月の勘定科目内訳書を作成・提出する

毎月の入出金を記録した勘定科目内訳書を作成し、融資の際に決算書と併せて提出することで、ごまかしがないことをアピールできます。

12 保証人の個人資産があれば信用度アップ

社長が連帯保証人となって融資を受ける際、役員報酬、不動産物件など評価価値のある個人資産を所有していると、審査が有利になります。また、損失が出ている決算年度でも、保証人である社長の資産があればプラスの判断材料になります。

13 棚卸資産の増加に注意

棚卸しによって明確になる在庫数は「棚卸資産」として計上されます。売上に対する相応以上の棚卸資産は、経営を圧迫する要因と見なされ、審査にマイナスになります。

14 現預金が潤沢にあるかが大事

個人の場合も、会社で銀行融資を申込む場合であっても、預金がどの程度あるのかは重視されます。

決算書では、先にも触れたように単なる数字の多寡や増減だけでなく、数字の裏にあるストーリー、創業1年（期）を終えて、今後、2年目、3年目の展望の見せ方もポイントとなります。

その観点では、融資を受けたいタイミングによって決算期をいつに設定するかも考慮する必要があります。融資に有利に働く決算時期の設定、ストーリー展開のコツについては「秘訣33」でさらに深掘りしていきます。

事例　創業後、1回目の確定申告後に600万円の融資に成功したエステサロン

エステサロンを創業し、1年間で3店舗を開設。事業が軌道に乗ってきたところで、新店舗を開業するために、公庫から600万円の融資に成功したLさんの事例を紹介します。

Lさんが融資の相談にみえたのは、法人を設立し、1回目の決算を終えたタイミングで

した。

決算書の数字としては、備品や広告費の経費がかさんでいたものの、売上高が順調に伸び、利益18万7000円と堅実に黒字で着地していました。

すでに固定客がついており、過去の経験値も業界で12年以上のキャリアを積んでいたため、融資の可否となる第一関門は問題なくクリアできる好条件でした。

ただし、融資を受けるには、新店舗をオープンしても確実に売上が伸びるという、具体的かつ客観的な材料を公庫の担当者に提示する必要があります。

決算書では、1年間のトータルの売上は分かりますが、特に店舗ビジネスの場合は月次の売上高の推移も重視されます。

Lさんは、店舗ごとに、月別の売上高、来客者数、指名客数、平均単価の一覧表を作成しており、これらを提出しました。明確な数値的根拠の提示により、第二の関門もクリアしました。

店舗展開の戦略・理由についての明確なプレゼンが功を奏す

三つ目のポイントとしては、店舗を増やす理由、戦略についても明確にプレゼンしたことが挙げられます。Lさんがプレゼンした内容は以下のとおりです。

・店舗ごとの来客者数の一覧表から顧客が増加しており、既存店舗では手狭になっているため、新店舗が必要である

・一定の地域に集中して店舗をオープンすることで、その地域の顧客を独占する戦略を推進する

・同一地域で店舗展開することで、最小限の従業員をうまく回せ、人件費も抑制できる

これら「顧客増加」「地域戦略」「人件費削減」という、明確な経営戦略を伝えることで、新店舗をオープンすれば売上高・利益が増加。借入金の返済もしっかりしてもらえるという評価につながりました。

結果、当初は400万円の融資を希望していたところ、新店舗の物件取得・備品類の設備資金として150万円、月商が200～250万円だったため、月商の約2カ月分の運転資金を合わせた、合計600万円の融資に成功しました。

創業後の融資については、現状、しっかりと利益が出ていることに加え、今後の事業計画を綿密に作成し、事業プランに沿って融資を受けることで、今後も業績を拡大できるというシナリオを提示できるとベストです。

Lさんのように決算書のほかにも、今後の事業計画を説明する資料を用意するなど、事前の段取りをしっかりすることで、成功の確率が上がるとともに、融資額のアップも期待できるのです。

秘訣30／38 融資の目的を間違えない

一般的に融資を受ける目的には2パターンあります。一つは、「成長のための投資に使う融資」、そしてもう一つは「赤字の補填をするための融資」です。

本書で推奨するのはあくまで前者の、成長のための融資です。企業として伸びていくために必要なエネルギーとして、融資を活用してほしいのです。

赤字補填のための融資は絶対にNGというわけではありませんが、そもそも平時でそれを受けてくれる金融機関はまずありません。コロナ禍のような緊急時では可能になることもありますが、あくまでも応急処置であって永遠に続けられるものではないことは肝に銘じておく必要があります。

また、言うまでもありませんが、融資を受けて手元資金を厚くしているからといって、「しばらくは赤字を出しても大丈夫だ」といったふうに、経営者としての自分を甘やかすような姿勢もＮＧです。手元資金はあくまでも安定した資金繰りと戦略的投資のために用意しておくものであり、１円たりとも無駄遣いするようなことがあってはなりません。

一般的に金融機関が貸してもよいと判断する額は、業種にもよりますが月商の３カ月分が目安です。月商が１０００万円なら３０００万円までは借りられますし、その融資を活用した投資で月商を１５００万円にアップさせられれば、追加で１５００万円の融資が視野に入ってきます。融資を受けて投資して、それが奏功して売上が伸び、残った利益で返済し、追加の融資を受けて再度投資し、さらに売上が伸びる、というサイクルを回すことができれば、企業成長のスピードは加速します。

逆に、もっと融資を受けたいと思っても、売上が伸びていない状況では借りることは困難です。「これだけの資金があれば、売上を伸ばせる」という確信があったとしても、無理な計画は受け入れられないのが現実なのです。

成長には融資が必要であり、着実に資金調達していくために、私は事業計画だけでなく「融資計画」をつくることもお勧めしています。創業時に借りられる額には限界があるので、その先にどのようなステップを経て融資額を増やし、投資をしていくかをシミュレーションしてみるのです。

例えば、お店を増やしたいという目標があるなら、どのようなペースで売上を伸ばしながら融資の枠を拡大し、2店目、3店目と手を広げていくかを具体的に計画してみるのです。そうすることで無理な目標と分かれば現実路線に修正することができますし、それによって事業計画の精度が上がったり、ゴールまでのステップも細分化されていきます。

事例　コロナ融資を活用し、戦略的投資資金を確保した飲食店

飲食店を営むMさんは、公庫で借りた300万円を返済中だったところに、コロナ禍に見舞われました。

飲食店というと、一律に大きな打撃を受けていると思われがちですが、家賃の高くない地域で小規模な店舗を営みながら、時短協力金を受ける分には、さほど大きなダメージを受けていない店も多くあります。むしろ協力金で平時よりも資金繰りがラクになっていたり、それで店主が生活水準を上げてしまっていたりするケースもあります。

初めての店舗を開いたばかりのMさんも、足元では資金繰りに苦しんでいるというわけではありませんでした。しかし、いずれは複数店舗を経営したいと考えているMさんにとっては、これは逃してはいけない機会でもありました。

同業者が苦しんでいるときは、条件の良い空き店舗が見つかりやすい状況でもあります。良い話はいつ飛び込んでくるか分からないので、2店目、3店目を考えるなら手付金ぐらいはいつでも払えるぐらいのキャッシュを手元においておくと安心です。

Mさんはすでに2%ほどの金利で借りている300万円を新型コロナウイルス感染症特別貸付の制度を利用して借り換えし、さらに700万円の追加融資を引き出すことに成功しました。1年間の据置期間に3年間実質金利ゼロ、4年目以降は1・36%と、ぐっと有利な条件となりました。

こうした制度は非常時に苦しむ事業者を救うのが目的なので、赤字補填であっても借りられるものは借りておくべきです。ただ、そうでない場合でも戦略的に活用することで、別の危機に対応できたり、新たな成長のきっかけにすることも可能になります。

秘訣31／38 決算書の「役員貸付金」を解消しておく

決算書において、金融機関が嫌がる項目の代表が「役員貸付金」です。

役員貸付金とは文字どおり、会社が役員、社長に貸したお金のことを指します。

中小企業の社長のなかには、「会社の財産＝社長のモノ」と誤解している方も少なからず存在します。しかし、会社と個人は別人格であり、いくら社長でも会社のモノやお金を私物のように扱うことはできません。支出入については公私の区別をはっきりさせ、貸し借りがあった場合は適正に処理をする必要があります。

税務署から「社長への賞与」と指摘されるリスクも

では、そもそも役員貸付金はなぜ発生するのでしょうか。

大別すると2つのケースがあります。一つは「会社の預金口座から社長が引き出した額に対し、領収書が足りない。あるいは紛失してしまった」。もう一つは「そもそも社長個人が会社のお金をプライベートで使ってしまっている」ケースです。

つまり前者は「社長が引き出したお金の使途が不明」、後者は「役員報酬金額以上に会社のお金を引き出して、生活費として使っている」という判断により、会計上は「役員貸付金」と処理することになります。

この役員貸付金が積み上がっていたり、長く放置されていたりすると、金融機関は「融資したお金も、本来の事業に使われることなく、社長が個人的に使ってしまうのでは」と判断し、融資に際してはマイナス評価となります。

ちなみに、金融機関からの評価が下がるだけでなく、税務上のリスクも発生します。

一つは、利息収入に関する問題です。役員貸付金は、税務的には貸付金額に応じた利息収入を会社に計上しなければなりません。つまり、自分の会社からお金を借りたとしても、会社は事業として貸付を行っていると判断され、利息を取っていないと税務調査で指摘される可能性もあります。

もう一つは、役員への「賞与」として見なされるケースです。

役員貸付金とはあくまでも一時的に貸し付けている状態であり、返済が滞ったままの状態が続くと、税務署から「滞留債権」と見られる可能性があります。

そうすると、役員への「賞与」として指摘され、会社への法人税・源泉所得税だけでなく、社長個人へも所得税が課税されることになります。

こうしたリスクを減らすためには、金銭消費貸借契約書を作り、確実に返済していくという証拠と返済実績を提示することがポイントです。

役員報酬から返済する場合、額の設定は慎重に

では、実際に役員貸付金はどう解消していくかというと、次に挙げるような方法があります。

一つ目が「役員報酬から返済する」。この場合、役員の手取りが少なくなるため、事業開始年度に役員報酬を増額し、返済に充てることになります。ただし、役員報酬を増額すると、所得税、住民税、社会保険料が増額になる点には注意が必要です。

二つ目が「個人で立て替えている経費を探す」方法です。個人の現預金で支払っているもののうち、経費になるものがないか、改めて見直します。ただし、あまりに多額の場合は、いくら領収書をかき集めても解消のハードルは高くなります。

三つ目が「役員の個人資産を売却する」。役員が個人で所有している不動産や自動車などを会社に売却する方法です。ただし、売却益が出た場合、役員に譲渡所得税が課税されたり、不動産の場合は登記の移転手続きが必要になったりというデメリットもあります。

会社と個人の財布の区別をしっかりとする

また、役員貸付には「役員や社長が会社からお金を借りる」だけでなく、「役員報酬の代わり」として行うケースもあります。

役員報酬は、毎月同額で事業年度の開始から3カ月以内に確定する必要があり、期内途中の変更は不可です。変更する際にも、次の事業年度開始から3カ月以内に変更しなければなりません。

特に創業まもない会社で売上の見通しを立てることが難しい場合、役員報酬を低く設定し、足りない場合は役員貸付によって対処する手法を取る会社も少なくありません。しかし、額が増え過ぎると融資の評価としてはマイナスです。早期に売上の見通しを立てたうえで役員報酬を適切に設定し、役員貸付金が増加しないように対処することが肝心です。

社長が一人でやっているような会社は、会社と個人の財布の区別がつきにくく、とかく〝どんぶり勘定〟になりがちです。融資の審査をスムーズに進めるためにも、帳簿類および領収書の整理もしっかりしておきましょう。

＊コラム　多店舗展開したい！　タイミングよく融資を受けることは可能？
「創業3年で4回、2600万円の融資を受けた整骨院」

店舗ビジネスにおいて、好条件の物件を押さえるとともに、タイミングよく融資を受けることはなかなかハードルが高い作業となります。

Nさんは、整骨院での副院長のキャリアを経て、独立開業しました。創業時の融資においては、自己資金の100万円に加え、友人から100万円の借入を実践。過去の副院長経験が評価され、信用金庫から800万円の融資に成功します。

2回目の融資は、半年後。売上が伸びているにもかかわらず、人手不足で売上を逃しているという理由で、人材確保のための資金として公庫から600万円を調達しました。

さらに創業から2年2カ月経ち、法人を設立。そこで求めていた好条件の立地に整骨院の居抜き物件の情報が舞い込みます。Nさんは「なんとかその物件を手に入れたい」と考え、2店舗目を出店するために、3回目の融資を実践しました。再び公庫から400万円の融資に成功します。

400万円の融資は、6カ月間、据え置き期間を設けて返済する契約でした。よって、まだ返済すらスタートしていなかったのですが、1店舗目を出店した場所から至近距離に新しいビルが建設される計画が立ちます。

その立地がさらに理想的なもので、Nさんは「一店舗目をそこに移転したい」と考え、再び公庫に800万円の融資を申し入れたところ、無事、審査が下りたのです。

多店舗展開を見据えた積立預金プラス堅実経営が評価される

結局、3年間で、創業前800万円、創業半年後600万円、創業2年2カ月後400万円、創業2年半後に800万円と合計4回、2600万円の融資に成功します。

ここまでうまくいくのはレアケースですが、融資で評価されたポイントは意外にもシンプルなもので、

1　毎月、積立で預金をしていたこと

2　堅実に営業していたこと

という2つでした。売上ももちろん悪くはなかったのですが、平均すると利益は月50万円程度。それでも、計画的に多店舗展開を見据え、着実かつ堅実に貯金をしていたことが評価につながったのです。

《創業2年目以降》三行目との取引実績で、事業拡大・組織拡大に備える

秘訣32／38 創業2年で三行目から融資を受けたほうがいいワケ

ここまでの解説どおり、創業～1年（期）目で二行から融資を受け、売上・利益アップに努めてくれれば1年（期）目の決算は大幅黒字とまではいかなくとも、少なくとも赤字経営に陥っているリスクは低いはずです。

預金残高も借入をした分、順調に積み増して2年目を迎えたところで、視野に入ってく

るのが三行目との付き合いです。
私は創業2年で公庫以外に、2つの金融機関から融資を受けることをオススメしています。

理由は大きく3つあります。

1つは一行で借りて、再度、同じ金融機関から借りるのは、タイミングを計るのが難しいことが挙げられます。融資を受けやすいのは、会社の業績がクリアになる決算直後で、1回借りたら、次の決算が終わるまではなかなか借りられないというのが原則です。

しかし、「2店舗目を出す計画を立てていたところ、なかなかない好条件のテナントの空きが出た」「予想以上に売上が伸び、人員を補充したい」ということが1年内に起きる可能性も大いにあり得ます。投資のチャンスを逃さないためにも、公庫以外に複数の金融機関と付き合っておくことが大事なのです。

融資環境の変化に備え、複数の金融機関と付き合う

2つ目は、複数の金融機関と付き合うことで、最新の情報が入りやすく、ゆくゆくは金

利面で競ってくれるなど、より良い条件で借りやすくなることが期待できます。

3つ目は、金融機関の事情が変わった際のリスクヘッジです。

事情が変わる最大のリスク要因は、担当者や支店長の異動です。金融機関は不正防止のために、2～5年周期で人事異動を行います。以前の担当者とは密な関係ができており、融資の手続きもスピーディに実践してくれていたのが、異動に伴って、ビジネスへの理解やスピード感など状況が一変することもあります。また、支店長が替わると、融資の姿勢自体が変わることもあり得ます。

また、近年の傾向として、金融機関は効率化のために支店の統廃合を進めており、法人の融資を行う支店が限定され、本部の方針のもと、店舗によって営業戦略が転換されるようなリスクもあります。

私の会社でも、複数の金融機関とお付き合いがありますが、各行の違いだけでなく、支店、担当者によっても融資に対する姿勢には違いが見られます。

特に創業融資については、P154でも解説したように、国の方針として積極的な取り組みが推進されているといっても、本気で力を入れているところと、そうでないところでは大きな差があります。

このように、各行、各支店、各担当者で事情はさまざまで、今後も金融庁の通達などにより、業界全体を巡る環境、融資事情が転換していく可能性も否定できません。

予測し得ない将来に向けての保険としても、複数の金融機関と付き合うことが、資金繰りを安定させる策として有効なのです。

複数行と対等な関係性をキープする

なかには、メインバンク以外と取引をすることによる影響を懸念するような方もいます。しかし、近年では全リスクを負うことを回避し、金融機関同士で連携し、融資を行うようなケースも増えています。何行と付き合っても、個々の付き合いに支障はないと考えるべきでしょう。また、ゆくゆく交渉材料とするならば、メインバンクとライバル関係にある金融機関と付き合うのも一つの手です。

ただし、交渉材料として他行との借入状況の情報を出すのはいいとしても、「○銀行の融資に対する対応が遅い」などと、他行の悪口を吹聴するのは、口が軽いと疑われるだけなのでＮＧです。また、担当者の変更で、〝合わない〟人に担当が変わったとしても、不満をあからさまに態度に出すのも得策ではありません。

例えば一つをメインバンクにしたら、もう一行では定期積金を実践します。三行目の候補には、定期的に試算表を提出するなど、複数の金融機関と上手に付き合いを継続していくように心掛けましょう。

秘訣33／38　融資を受けやすい「決算」「確定申告」直後のタイミングを狙う

融資の手続きをスムーズに進めるためには、段取り、備えをしておくことに加え、実行するタイミングを計ることが肝心です。

その最大のチャンスが創業時とするならば、創業後の融資を受けるタイミングとしては、決算や確定申告が終了した時点が資金調達の好機となります。

そこで、期途中の作業としては試算表を定期的に送り、決算が終わったら、銀行への報告、申込み作業に着手することになりますが、ポイントは決算が終わる前に一度、相談することです。

「この予想値で着地しそうですが、どれくらい借りられるでしょうか」と、これまで取引してきた一〜二行目に融資提案を求めるわけです。

事前に相談するのは、「借りやすく」かつ「なるべく多く借りられる」金融機関を探るためです。

そのためには決算報告とともに、今期の展望を事業計画などにまとめて提出する。あるいは、設備投資を予定しているならば、その時期と金額を伝え、積極的に動いてもらえそうな金融機関を模索するのもよいでしょう。

その感触を探りつつ、「公庫に再アタックする」「新しい信金に融資の申込みをする」など、より有利な条件、融資額が引き出せるところをチョイスするわけです。公庫と信金の保証付融資では、与信枠が異なるため、一〜二行目でどこからどの程度借りられるのか、融資額と返済期間を踏まえつつの交渉も肝要となります。

数字の裏にあるストーリーの見せ方も肝心

決算時に有利な条件を引き出すには、単純に数字を見せるだけでなくちょっとしたコツが必要となります。決算書で銀行が見るポイントについてはP210で解説しましたが、最大限に融資額を引き出し、有利に交渉を進めるためには、数字の裏にあるストーリー、翌期（翌年度）以降の将来性の見せ方も工夫しましょう。

例えば、売上が年商1億円としても、月次の売上が右肩上がりで年商1億円を達成したのか、徐々に右肩下がりで1億円に着地したのかでは評価が異なります。

ポジティブにとらえられるのは前者です。商品やサービスが支持され、業績も右肩上がりが期待できる将来性を感じさせるストーリーをプレゼンできるため、融資額が伸びる確度が高まります。

その観点では、年度内の月次の売上の立て方も、右肩上がりのストーリーになるよう注意を払っておくとよいでしょう。

さらに年度内だけでなく、年度をまたいだ業績拡大の具体的なシナリオが提示できるかもポイントです。

例えば、私の会社では1期目の売上は約2500万円でしたが、1期目の後半〜2期目の最初の2〜3カ月の数字が伸びていたため、2期目は最低でも前期の倍、年商5000〜6000万円は達成できるという売上予測を提示しました。ビジネスの将来性を買ってもらい、公庫からさらに追加で1000万円、メガバンクからは500万円の信用保証協会付融資に成功することができました。

また、2期目の決算終了後には、再度公庫から2000万円の追加融資を受けていますが、これも3期目は売上が最低でも1億5000万円は達成できるという予想値を出したことが評価につながりました。

ここで直前の決算だけで判断するならば、2期目の売上自体は約6500万円。売上規模に対する公庫からの融資額としては、創業時の800万円、1期終了後の1000万円さらに2期終了後に2000万円を合計して3800万円の融資は、過大というのが一般的な見方になります。

しかし、3期目に1億5000万円の売上の会社に成長するというプレゼンができれば、合計3800万円の融資額も妥当という評価を引き出すことが可能となります。

現行の制度では、創業2年以内に公庫から1000万円を超える融資を受けるのは困難ですが、民間の金融機関に対してこうしたプレゼンは十分効果があります。

直近の決算が赤字でも、業績が右肩上がりならば可能性アリ

その点では、たとえ直近の決算が赤字でも、将来性あるシナリオが提示できれば、融資を受けられる可能性が出てきます。

私のお客さまで、法人を設立して創業2期目に入った段階で、売上が1500万円を超し、順調に事業を拡大している方が融資の相談に来ました。

直近の決算こそ赤字だったものの、2期目に業績が伸びてきており黒字転換目前であったこと、さらに自己資金が500万円以上あり、事業経験10年以上、過去のクレジット事故歴なしという好条件も後押しとなり、支店決裁で1000万円の融資に成功することができました。

自己資金と事業経験が豊富にあり、業績が伸びてきていれば、決算が赤字でも挽回し得る好例といえます。

決算月は「お金がある時期」にする。前倒しもテクニックの一つ

また、融資は手元に現預金があるほうが評価につながります。つまり、決算月は最も「お金がある」時期に設定するのが正解です。

よって設備投資を予定しており、その支払いと融資を受けたいタイミングが重なるようであれば、支払い前に決算の前倒しをするのも手です。

私の会社では、2期目にオフィスの引っ越しをしたのですが、その保証金(1050万円)を11月に支払わねばならないため、決算月が11月だったのですが、保証金を支払う前の10月締めで決算を実施したことがあります。

決算月を変更してまで融資してもらう会社は基本的にないと思いますが、この判断がなければ、保証金支払後の運営が苦しくなっていた可能性があるためベストな判断だったと思っております。

こうして現預金を残した状態で融資に臨めたことで信頼もアップし、公庫から2000万円を引き出すことができました。

「事業年度は1年を超えてはいけない」ため、決算月の後ろ倒しは不可ですが、前倒しに

関しては問題ありません。手続きとしては、株主総会の決議を経て、税務署、都道府県事務所などに届け出をすればＯＫです。

もちろん、毎年、決算月をコロコロ変えるのは良くないものの、融資を有利に運ぶ一つのテクニックとして覚えておきましょう。

創業後１年超で、法人で融資を申込む際の資料をチェック

法人として創業後１～７年以内が経過している場合、融資に必要となる資料も変わってきます。創業時に融資を受ける際に必要な書類に追加し（Ｐ１００）、以下の書類をそろえておくようにしましょう。

・企業概要書
（起業して年月が経っているため、どのような企業なのかを説明する概要書が必要）
・履歴事項全部証明書（謄本）
・売上の根拠資料（請求書や通帳コピー）
・直近の決算書（２年分）

・法人税・事業税・消費税納付の領収書　※納付済のものだけ
・直近の貸借対照表、損益計算書（試算表）

秘訣34／38 公庫に再アタックをする

3期目からは、1000万円という枠を超える融資を受けるチャンスも到来します。

重要なのは、創業から2年経過することではなく、2期目の決算の内容をよい状態にすることです。金融機関は順調な返済が見込める企業にはどんどん融資したいと考えているので、業績が伸びていることと、今後も右肩上がりが期待できることを決算書でアピールできれば、1000万円を超える融資を受けられる可能性が高まるのです。例えば、すでに1000万円借りていて、300万円が返済済みである場合、1000万円だった与信枠が拡大し、追加で700万円を超える融資の道が開けるわけです。

そのためには、良い決算書を作る必要があります。当然ながらこれは書類上のテクニックの問題ではなく、毎月きちんと試算表をチェックしてその月の営業を振り返り、翌月の数字を改善させるための努力を重ねることが重要です。

創業融資の完済後、再度融資を受けるならば「3年以内」に

創業時に公庫で融資を受け、完済後、改めて公庫に融資を受けたい場合は「完済後3年以内」がオススメです。

公庫では、完済後3年間はデータを保管しています。そのため、必要となる書類も少なくなり、かつ融資確定までの時間も大幅に短くなります。

過去に、私のお客さまでも公庫からの2回目の融資で、午前中に融資の申込みを行い、夕方には確定したという方もいらっしゃいました。

2回目の融資だったとしても、完済してから3年を経過するとデータが破棄されるため、初めて融資を受ける方と同じ手続きが必要となりますので注意が必要です。

秘訣35／38　余裕資金があっても、繰り上げ返済はしない

融資を受ける大前提となるのが、「貸したお金をきちんと返せるか」。つまり、次の融資につなげるためには、すでに融資を受けた分については、毎月の返済日に決まった金額を返済することが必須の条件となります。

しかし、だからといって期日より前倒しして返済する、つまり繰り上げ返済をすることはオススメしません。

第一の理由は、これまでも申し上げてきたように、経営を維持していくうえで、手元資金は充分に確保しておくべきだからです。

会社経営において借入金が多いことはマイナスの要素ではありません。

「今月は売上が多いから、この際、繰り上げ返済をして負債を減らしてしまおう」

そんな思いにかられることもあるかもしれませんが、手元資金の厚みを減らしてまで、繰り上げ返済をすることはプラスに働くどころか、逆にリスクを増やすことにもなりかねません。

経営においては、取引先が、突然業績が悪化して入金が遅れるなど、金策に追われる事態がいつ発生するやも分かりません。そんなときに手元に現金がなければ、いくら業績が好調でも思わぬ黒字倒産に追い込まれかねないのです。

目安は、最低でも月の売上の２カ月分程度を確保しておくこと。できれば月商の３カ月程度が通帳残金として残っているのが理想です。

築いてきた金融機関とのパイプがなくなるリスク

繰り上げ返済をオススメしない第二の理由は、金融機関にとっても好ましくない事態だからです。

金融機関の収益源は、融資の実施および金融商品を販売することで得られる金利・手数料収入です。融資の際の毎回の返済日、返済額は、融資先である会社、個人事業主にとって適切であるとともに、銀行にとっても継続的かつ安定的に収益としての利息を受け取ることができるようプランニングされています。

そこで、繰り上げ返済で万が一、全額返済されてしまったら、計画は大幅に狂い、予定していた継続的な利息を受け取ることができなくなります。

担当者にとってもマイナスポイントとなり、あからさまに否認されることはなくても、「約束違反」と評価されることもあるのです。

第三に、借り手にとってのマイナスポイントとして「銀行とのパイプがなくなる」リスクが挙げられます。

もし借入金が0円になってしまい、そのほかの金融商品での付き合いがなければ、関係性はゼロに。せっかく創業1～2年かけて、築いてきた信頼関係がパーとなりかねません。

公庫は完済後、3年以内であれば借入履歴が残っており、次の融資の審査もスムーズに進みやすくなります。ここで早めに融資額を返してしまうと、後々、再び借りたいと思ったときに、新規扱いとなり、審査に時間がかかったり、前回ならばOKだった融資の審査に落ちてしまったりする可能性もあります。

「返すのは簡単ですが、改めて借りるのは大変」なのです。

金融機関とは長期スタンスで関係性を継続していくことこそが、万一の際のリスクヘッジにもつながるのです。

借り手と貸し手は対等の立場にある

「繰り上げ返済をしたい」と考えてしまう方の深層心理として、「借入金はできるだけ少ないほうがいい」「借金は早く返済するのが正解」という、借金に対するマイナスイメージが少なからずあるのでしょう。

しかし、金融機関は融資をすることで利益を得て、会社は融資を通じてビジネスを拡大していきます。要は借り手と貸し手は対等の立場にあり、意志の方向性も一致しています。借入をすることに引け目を感じる必要はいっさいないのです。

会社が倒産するのは「借金が多い」からではなく、「現金がない」ときです。

万一の事態に備え、もし繰り上げ返済をするとしても、全額返済はせず、関係性を保ちながら、手元に十分な現金を確保しておくようにしましょう。

秘訣36／38 節税よりも融資・投資が成長エンジンになる

自分で事業をしている方のなかには、「税金をなるべく払いたくない」という方も多いようです。

以前、税理士事務所に勤務していた際も、節税のために「なるべく多くの経費を計上し、赤字申告したい」「なるべく利益を出したくない」という会社も少なくありませんでした。しかし、赤字決算は融資を受ける際には大きなマイナス評価になるのです。

これまでも解説してきたように、創業後、少しでも多くの融資を受けるならば、「売上・利益が上がっている」ことが条件となります。

もちろん黒字になれば、税金の支払額は多くなります。特に法人税を払うことにアレルギーをもつ社長は多くいらっしゃいますが、利益が出た分、役員報酬で支払いを出したとしたら、法人税で支払うか、個人の所得税で支払うかの違いです。

しかも税率から考えると、法人税で支払うより、所得税（住民税含む）＋社会保険料（含む企業負担分）のほうが高くつくケースもあるのです。

また、決算が近づき、利益が出ていると、税金を払いたくないため、決算直前に生命保険を活用した節税策を実践する方もいます。

しかし、現在、法人で加入する保険は、支払保険料の全額を損金計上できる全損商品は少なく、支払い保険料の半分だけ損金計上できる半損商品が大半です。節税額から見ると、費用対効果が見合わないケースも多いのです。

微々たる節税にせっせと励んだ結果、肝心の投資をしたいときに、利益が出ていないために借入ができず、事業が立ち行かなくなるような〝本末転倒〟の事態さえ招きかねません。

節税に注力する税理士との付き合い方には注意が必要

もちろん、「創業融資以降、融資を受けるつもりはいっさいない」と考えるならば、節税に励むのも一つのやり方ですが、もし融資を受ける可能性が少しでもあるのであれば、確定申告書や決算書を作成する際には注意が必要です。

私自身、創業時に融資のお手伝いをしたお客さまから、「今後も融資を受けていきたいのですが、決算上の数字について留意するポイントはありますか」といったご質問を受けることがあります。

その際は節税ではなく、あくまでも融資の観点から私でできるアドバイスをさせていただきますが、その観点から一つ注意点として、税理士との付き合い方があります。

税理士は税金のプロではありますが、融資に関して精通しているかというと個人差があります。税理士が売上や利益アップより節税に注力した決算書を作成したがために、融資を受けにくくなるリスクもあるのです。

また、先の保険加入による節税策も、税理士の多くが特定の保険会社の代理店業も兼任しているため、手数料目当てだけではないとしても、将来の事業プランはさておき、目先の節税のために保険加入を勧めるようなケースもないとはいえません。

決算や会社の数字の見せ方については、税理士に一任するのではなく、長期スパンで事業をどうやっていくのか、融資の可能性も含めて、自身の考えを事前にしっかりと伝えておくことが肝心です。さらに、税理士を選ぶ際には、融資のサポートの実績があるかどうかもチェックしておきましょう。

もちろん、私自身も節税対策が不要だとは思っておりません。将来融資を受ける可能性があるのであれば、将来を見据えた計画を立てることが大切だと考えております。

中小企業が節税で得られるメリットは小さい

ここで私の考えとして申し上げたいのは、小さな会社にとって成長エンジンは〝投資〟であるということです。

そもそも売上をはじめ、スケールが小さい中小企業や個人事業主が節税で得られるメリットは、大企業に比べて微々たるものです。

それよりも売上を伸ばすことに注力し、現預金を手厚くし、倒産リスクを抑えるとともに、ここぞと思ったときに人材や設備に投資していく。これこそが、小さな会社にとっての成長、事業拡大につながるのです。

資金繰りも考慮し、多店舗展開したい、資金調達したいというときに、節税に目をとらわれると倒産リスクを高めることにもなりかねません。

借入で上手な資金繰りをしている経営者は、これぐらいは利益を出さなければ回らないという感覚をもっているものです。

目先の損得だけにとらわれることなく、融資を有利に運ぶためには「法人税＝必要経費」という考え方で、税金をしっかり払うことこそが安定経営を目指す社長の務めと心得ましょう。

秘訣37/38 補助金と助成金をフル活用しよう

本書では主に金融機関からの融資について解説してきましたが、手元資金を増やす方法は融資だけではありません。近年は政府や自治体などが実施する補助金や助成金の制度が充実してきており、これらの制度を活用しない手はありません。

補助金と助成金の最大のメリットは、返済の必要がないことです。その分、金額の規模は小さくなりますが、お金がもらえるのですから経営者にとっては非常にありがたい仕組みです。

補助金も助成金も返済の必要のない点は共通していますが、補助金は主に経済産業省が、助成金は厚生労働省が管掌しているという違いがあります。

経済産業省の目標とする姿の一つに、既存の企業が成長したり、有望な企業が新たに生まれたりすることで日本経済が活性化し、結果的に法人税収が増える、ということがあります。彼らが支給する補助金の財源も法人税であるため、基本的にはこれまで法人税を払っていた企業や、将来法人税を納付してくれそうな有望な企業や起業家に対して、給付という形でサポートするのです。そのため、経済産業省とその外局である中小企業庁が管轄する補助金は、一時的に落ち込んだ事業を回復させたり、成長させたりすることで将来的により多くの法人税を払ってもらえることにつながる取り組みに対して支払われるという性格があります。

近年の規模の大きい補助金としては、新分野への転換や新規事業など思い切った事業再構築に対して給付される「事業再構築補助金」や、サービス業の事業者が生産性を高めるためにＩＴツールを導入した際に補助を受けられる「ＩＴ導入補助金」などがあります。

一方、主に厚生労働省が管掌する助成金は、雇用の安定を主な目的としており、財源は雇用保険です。雇用保険はその名のとおり雇用を守るための仕組みで、失業した人や出産・介護で一時的に働けない人などに給付をしています。

このため、厚生労働省が管轄する助成金は、今ある雇用を守ったり、新規で人を雇用したりするなどした場合に給付されるものが多くなります。雇用が増えれば雇用保険料収入が増え、失業給付の削減も期待できるので、こうした結果をもたらす取り組みに対して支払われるわけです。

このような性格から、補助金についてはその申請の内容が企業に成長をもたらすものかどうかについて厳しい審査が行われる傾向がありますが、助成金については定められた要件を満たして雇用が増えたり守られたりしていれば給付を受けられるものがほとんどです。いずれにしても、返済の必要がない給付なので、もらえるものはもらう、利用できるものは利用し、戦略的に資金を調達していくべきです。

ちなみに私の会社でも、創業以来以下の補助金、助成金の給付を受けています。総額では1500万円程度です。最も大きいのは事業再構築補助金で、コロナ禍での新規事業としてスタートしたコワーキングスペース事業に対して約570万円の給付を受けることができました。なかには10万円程度のものもありますが、返済不要でこれだけの給付を受けられたのはありがたいことです。

補助金
・事業再構築補助金
・小規模事業者持続化補助金
助成金
・キャリアアップ助成金
・事業継続緊急対策（テレワーク）助成金
・キャリア形成助成金
・人材開発支援助成金
・両立支援等助成金
・働き方改革宣言奨励金
・千代田区事業者による災害用備蓄物資購入助成

補助金をもらうための事業を考えないこと

補助金や助成金の申請を考える際に注意してほしいのは、給付を受けることを前提にして事業や支出を考えてはいけないということです。

給付されるのは、あくまでかかった費用の一部であり全額ではありません。例えば、事業再構築補助金であれば、補助率は再構築にかかった費用の最大で3分の2、ＩＴ導入補助金であれば2分の1です。要は給付を受けられたとしても、かなりの持ち出しはあるのです。

しかも、補助金が実際に支給されるまでには数カ月から1年程度の時間がかかるので、いったんは全額を支出する必要があり、その間の資金繰りは圧迫されることになります。

もともと新規事業に挑戦しようと考えていた事業者が、事業再構築補助金を申請するのはいいのですが、「補助金があるから何かやってみよう」とか、「補助金がもらえるから何かツールを導入しよう」というのでは、結果的に自己負担分が無駄遣いになるケースも多いのです。

補助金狙いでさほど必要としていなかった支出をしてしまうことで、結果的に資金繰りが苦しくなってしまっては、元も子もありません。しかも、補助金は審査が厳しいので、採択されなければ1円も入ってこないリスクもあります。

助成金も同様です。助成金は要件を満たしていれば、申請しても給付されないというリスクは小さいですが、後払いである点は補助金と同じです。新しく従業員を雇用しても、最初の給与に間に合うタイミングで給付を受けられるものではないので、当てにし過ぎるのは禁物なのです。

もともと実行すると決めていた投資を、補助金の対象になるよう多少ストーリーを色付けするぐらいならいいのですが、無理やり給付を取りにいっても結局は無駄遣いになってしまうというケースを私は数多く見てきました。これは「半額」の札が付いているからと不要なものを買って、結局使わずに捨ててしまうようなものなのです。

補助金や助成金は、支給されるかされないかにかかわらず、支出すると決めている費用に対して申請します。資金調達の本命はあくまで融資であり、補助金や助成金は支給を受けられれば御の字、程度の気持ちで当てにし過ぎないことが重要です。

補助金情報は山ほどある、申請は業者も上手に活用を

補助金や助成金は、政府だけでなく、自治体や商工会などでも独自の制度を行っており、少額のものも含めると常時3000程度の制度が走っているといわれています。事業再構築補助金やIT導入補助金のように規模の大きいものは情報も入ってきやすいのですが、そうではないものは積極的に情報を取りにいかないと、得られたはずの給付を逃すことになってしまいます。

なんらかの投資や支出を検討する際には、ネット検索をして使える補助金や助成金がないかを調べることをお勧めします。政府の補助金であれば経済産業省と中小企業庁の「ミラサポplus」というサイトで、中小企業向け補助金情報を一覧することが可能です。自治体などの公募を含めた補助金情報を網羅しているサイトもありますが、補助金はとにかく数が多く、終了するものもあれば新しいものもどんどん登場しています。専用サイトでも網羅しきれていない可能性が十分あるので、ピンポイントで検索してみましょう。

東京都中央区で事業を営んでいるのであれば、「東京都　補助金」「中央区　補助金」などという検索ワードで調べてみます。「○○商店街　補助金」「○○商工会議所　補助金」

など、地域の商店街や商工会などの名前と一緒に検索しても、オトク情報を得られる場合があります。

あるいは、普段からこうした情報を発信している専門家のＳＮＳをフォローしておくのもお勧めです。


ただし、制度によっては申請に必要な書類が多かったり、手続きが煩雑だったりする場合もあります。手が回らない場合は、補助金や助成金の申請を代行する業者の利用を検討してもいいと思います。補助金の場合は申請しても通らない可能性がありますが、期待薄であれば引き受けないという業者も多いので相談してみる価値はあります。着手金が必要なく請求するのは成功報酬のみという代行業者もあるので、損をしたくないならこうした業者を選ぶべきです。

代行業者はネット検索で探すのが基本です。その際は、会社の実態があって、経営者の名前と顔がはっきり分かる業者が安心です。広告を出しているような企業は代行ビジネスに力を入れている証拠ですし、広告を出せば顧客は来るので実績もそれなりに積み上がっているはずです。

ただし、あまり少額の補助金だと、代行業者にメリットが小さいので引き受けてもらえない可能性もあります。こうした場合は自力で申請するしかありません。

秘訣38／38 上場を目指すならば、早めにメガバンクとの接点を探る

一人でコツコツとマイペースで事業をやっていくのか、あるいは売上が伸びたところで、人を採用して事業をさらに拡大していくのか。会社をやっていくうえで、目指すゴール、目標はさまざまです。

ここまで公庫や信用金庫との付き合い方をメインに解説してきましたが、もしゆくゆくは上場を目指すというならば、目指すべき融資のロードマップは変わってきます。

BtoBのビジネスで、大手の企業と早めに取引し、最終的に上場していく予定ならば、早めにメガバンクとの接点を探ることをお勧めします。

メガバンクと付き合うには、原則、3期の決算が終わっていることが前提となります

が、売上が好調でVC（ベンチャーキャピタル）からの出資などを受けて近々に上場しそうな会社であれば、金融機関としても早期にコンタクトを取っておきたいというのが本音です。

私の会社でも、1期決算終了後にメガバンクから500万円の融資を受けました。紹介してくれる仲介者がいたことと、好業績だったことが評価されての成果です。このように3期を待つことなく融資が成功するケースもあるのです。

コンタクトを取るベストなルートは優良顧客や専門家からの紹介

コンタクトを取るベストなルートは紹介を受けること。特に金融機関にとっては、大口の優良取引先からの紹介は断りにくいといわれます。

取引先などを介し、メガバンクと付き合いのある会社があれば、担当者の紹介を依頼してみましょう。もし、知り合いにめぼしい仲介者が見つからなければ、商工会議所や税理士事務所などの専門家に頼むのも手です。

メガバンクから融資を受けるメリットとしては、「低金利で融資を受けられる」「申込みから融資決定までのスピードが早い」などが挙げられます。ただし、あくまでも対象は、業績が良く、財務格付けが高い会社になります。年商規模が小さい中小企業が、取引をしようとしてもまず相手にしてもらえないというのが現実です。

付き合う金融機関に関しては、あくまでも将来的な事業プランに合わせ、適切にチョイスしていきましょう。

第3章

複数の金融機関からの借入が、「そう簡単には潰れない会社」をつくる

「融資をしたい」と言われる会社であり続けるために

経営を継続していくには、時代や成長ステージに合わせた人員や設備への新たな投資が欠かせません。そのためには、少しでも右肩上がりを目指していくための不断の努力、ここぞと思ったときに迷わずチャレンジするための軍資金を常に貯えておくことが必要条件となります。

その基盤づくりとして、創業から2年間で、三行の金融機関と付き合いをスタートし、融資を受けるコツ、ノウハウについて解説してきました。ここまで読んできてすでにご承知のとおり、融資には決してウルトラCのようなワザがあるわけではありません。

金融機関が「貸したい」と判断する条件を知り、準備をし、貸したいタイミングを外すことなく行動を起こす。その地道な積み重ねが肝要となります。私が創業してから6年以内で9つの金融機関から合計で3億4200万円の融資に成功したのも、その原則に則り、コツコツと関係を築いてきた結果でしかありません。

金融機関の生命線は、融資実行数を増やし、預金残高を増やしていくことにあります。

だからこそ、貸し倒れの可能性が低く、利益を長期的に出すことが見込める会社には、継続的に融資をしたいというのが基本スタンスです。

では、世のなかから必要とされるビジネスを提供し続けるとともに、金融機関からも「融資をしたい」と言われる会社であり続けるためには何が大事なのか。

会社を経営しながら、さまざまな会社の融資サポートをしてきた観点から、社長が心得るべき7つのポイントについて解説していきます。

ポイント1　売上・利益を上げるための〝仮説〟を基に「行動計画」を立てる

融資のキモとなるのは、創業融資においては、「自己資金＋経験値＋信用情報」、そのあとは先手必勝で借りられるときになるべく多く借り、「資金調達↓投資↓売上・利益アップ」のサイクルを回していくことがさらなる好循環を生み出すことになります。

そこで欠かせないポイントが「計画性」です。

「斬新なアイデアを思いついたので、起業したい」

「セミナーで聞いたこのビジネスモデルなら、絶対に成功するはず」

私のもとには少なからずこうした山っ気のある相談がもち込まれます。

しかし、残念ながら、ぱっと浮かんだアイデアや第三者の言うことをうのみにしたビジネスモデルで成功するほど世のなかは甘くありません。

もし、「思いつきで行動してみたらたまたま成功した」というケースがあるとしたら、それは一握りの天才によるものか、たまたま運が良かったかのいずれかでしょう。私がこれまで見てきたケースを考えても、一時期はうまくいっても、そのまま10～20年と生き延びることは難しいといわざるを得ません。

PDCAを高速で回し、行動計画を常に見直す

少し話は変わりますが、私自身、税理士資格を取るために勉強を続け、資格の学校で講師をしていた経験からいって、学生時代のテスト程度ならば、行き当たりばったりの一夜

漬けでなんとかなっても、一生のキャリアがかかった国家資格の試験で〝たまたま受かる〟ということはあり得ません。

「いつまでに資格を取って、実務経験を経て、30歳までに独立する」と決めたら、そこから逆算して、計画性をもって勉強をしていかない限り、資格取得は遠い道のりになります。税理士事務所に勤めながら、資格取得を目指す方も大勢いますが、仕事と勉強の両立は予想以上に難しいものです。

また、資格が取れたとしても、独立し、さらに成功するとなるとよほどの強い意志と計画性がなければなし得ないものでしょう。

特に資格が必要でないビジネスでも、基本は同じです。「飲食で独立する」と考えたならば、その数年前から成功している店で修業をし、ノウハウを盗む。店舗の設備資金として、お金を貯める。融資を受けるために、各種支払いをしっかりとし、信用情報をキレイにしておくなどの順を追った備えが肝心です。

こうした「行動計画」、自分なりのいわば〝カリキュラム〟をつくり、しっかりと実践できるかどうかがビジネスの成功を左右します。

さらに、ビジネスと机上の勉強が違うところは、〝正解〟が分からないということです。よって、常に自分なりに〝仮説〟を立て、一度立てた行動計画を常に見直すことも大事な作業となります。

仮説のもと、計画を立て、行動し、その効果・成果を検証し、次に活かしていく。いわゆるPDCAを、変化の早い時代にあっては高速で回し続け、ビジネスの最適化を図っていかねばなりません。

私の会社でも、融資サポートのほか、補助金サポートやビジネスマッチング、ウェブサイト制作やマーケティング支援に加え、コロナ禍ではシェアオフィス運営に乗り出すなど、時代のニーズに合った新たなチャレンジをし続けています。

仮説のもと新たな投資をし続けるのは、リスクテイクにつながる行為のようでいて、「この事業がダメになったら、こちらを主軸にしよう」といった、リスクを分散させる意味合いもあります。

複数の金融機関から融資を受け続けることも同じです。借入先の選択肢を増やすことで、スピード感をもって「借りられるときに、借りられる金融機関から、借りられるだけ借りる」ことが倒産リスクを大きく減らすことにつながるのです。

ポイント2　集客の選択肢を増やし続ける

事業を継続していくうえで、最も必要な〝力〟は何か。

技術力、企画力、発想力など、さまざまな才能をもつに越したことはありませんが、いちばん大事なのは集客力ではないかというのが私の考えです。

いくらいい商品、サービスを生み出しても、世に知られなければ意味がありません。いくらすばらしいビジネスモデルを構築できても、お客が来なければ〝宝の持ち腐れ〟で終わってしまいかねないのです。

私は税理士有資格者ではありますが、今や資格をもっていても、黙ってクライアントがついてくるような時代でもありません。士業のような比較的恵まれているように映るビジネスでも、〝集客〟こそが命綱となっているのです。

私の会社では、融資のサポートがメイン業務となっていますが、「創業計画書」の作成などのお手伝いをする際に、特に注力しているのがビジネスモデルを確立すると同時に、創業後も売上を上げ続けるための集客の仕組みを一緒に考え、支援することです。

創業計画書を基に融資の審査が行われる場合も、設備資金は見積もりどおりとしてブレが少なくても、掲げた売上目標が立つかどうかは本人の頑張り次第です。

さらにいうならば、創業時に挙げた見込み客、既存客に加え、新規顧客を増やし続けていかない限り、いつか事業は停滞していきます。

しかも、少子高齢化の時代にあって、市場そのものが縮小していくなか、限られたパイの奪い合いは今後も熾烈さを極めていくことが予想されます。

激しい生存競争を生きぬくには従来のやり方、今、成功している集客法、営業スタイルに満足するのではなく、顧客候補との新たな接点を増やし続けていく必要があります。つまり、集客の選択肢を増やしていくことが何より大事なのです。

開業から時間が経つほどに、「もうやれることはやり尽くした」「自分の成功パターンはコレだ」などと、〝昔取った杵柄〟で自分流のスタイルに固執してしまうような人もいますが、こうしたあきらめや慢心こそが命取りです。

「今のやり方でいい」と創意工夫を放棄した時点で、途端に会社が傾くことはなくても、ゆっくりと業績は右肩下がりの一途をたどり、倒産リスクに少しずつ近づいていくことを覚悟するべきです。

万策尽きて、コンサルタント会社などが開催する集客セミナーなどに新しい道を求める人もいます。セミナーに行くこと自体は悪いことではありませんが、〝他人がうまくいった方法〟が自分にも当てはまるとは限りません。そのまますべてを真似るのではなく、参考程度にするべきでしょう。

最新テクノロジーを活用した集客にもチャレンジすべきである

また、昨今、集客の選択肢を増やすうえでは、最新のテクノロジーを活用したデジタルツールの活用も欠かせません。従来の集客メディアと比較し、コストが低く、成果が見えやすいデジタルツールは、小さな会社や個人が大手と肩を並べていくための強力な〝武器〟にもなり得るものです。

私の会社でも、集客のために複数の自社サイトを運営していますが、運営サイト数、コンテンツ量を増やし続け、ＳＥＯ対策も実践。そのほか、Facebook や Twitter などのＳＮＳ、リスティング広告、YouTube や TikTok（ティックトック）といった動画やメール配信など、さまざまなデジタルツールを駆使し、会社の認知度アップに注力しています。

Ｗｅｂを活用した集客モデルに関しては、ＳＥＯ関連の会社から営業を受けることも多いのですが、「イケるかもしれない」と思った施策については、あえてリスクを取ってトライしてみることにしています。

なぜなら、今、効果が出ている集客手法やうまくいっているビジネスモデルが時代の変遷とともに衰退する可能性も大いにあるからです。

Airbnb（エアビーアンドビー）やUber（ウーバー）が従来のホテル業界やタクシー業界のあり方を大きく揺るがしたように、今後も新たなイノベーションを活用したビジネスの〝破壊者〟は、続々と登場してくるでしょう。

融資でお世話になる金融機関においても、ＩＴやＡＩを活用した融資審査の効率化が進むなど、金融（Finance）とＩＴ技術（Technology）を融合させた「FinTec（フィンテック）」の取り組みが加速しています。審査の基本は変わらないとしても、スタイルが変わっていくことも想定に入れつつ、私の会社でも時代の変化にしっかりとキャッチアップしていく必要があると考えています。

融資によって、余剰資金をもっておく必要性は、未知の分野に思い切って投資をするためでもあります。

もちろん、効果測定がまだ明確でないビジネスモデルへの新たなトライアルには、投資がムダになってしまうリスクもつきまといます。しかし、リスクを取ってでも、新たな集客法を増やしていかない限り、気づいたら時代の波に乗り遅れてしまうことにもなりかねません。

私も特に創業1年目は、さまざまな広告施策にトライし、ムダになってしまったものも少なくありません。しかし、これも創業時に８００万円の融資を受けられたからこそのチャレンジです。成功すれば継続的に活用すればいいですし、失敗しても授業料ととらえれば、次に活かすことが可能です。

そのためには、実践するしないに関係なく、常に新しい情報に触れ、アンテナを張っておく感度も必要です。決算時など、金融機関の担当者と直接会ってコミュニケーションを取ることをお勧めするのは、情報入手のうえでも大事なプロセスと考えているからなのです。

ポイント3　人材採用に向けて早めのアクションが売上を左右する

事業を継続していくうえでは、自分一人で、あるいは家族で事業を回していくというスタイルも、リスクを最小限にする一つの選択肢ではあります。

しかし、融資をしたいと思われる会社であるためのミッションとして「売上を上げ続ける」ことを追求していくならば、限られた人員では早々に限界にぶつかることになるでしょう。

では、どのタイミングで人を増やすことを検討すべきなのでしょうか。これも私の考えでは、融資の備えと同様で、どうしても人員が必要になった時点で初めて、採用活動をスタートしていたのでは手遅れになりかねません。

空前の人手不足時代を迎え、大企業とて激しい人材争奪戦を繰り広げているなか、ヒト、モノ、カネという経営資源が限られている中小企業が、いい人材を獲得するのはそう一筋縄ではいきません。

ただし、逆に発想するならば、中小企業ならではのアドバンテージもあります。一定数の人員が必要な大企業に対して、中小企業こそが少数精鋭でより良い人材の獲得に注力できるという点です。

ならば、事業の展開プランを立てたら、人の採用に関しては思い切って先行投資で臨むことも大事だと思います。

例えば、腕利きの成果を出せる営業マンを雇えば、たとえ給料50万円を払ったとしても、月100万円の売上を稼いでくれればコストを上回る大きなリターンを手に入れることも可能となります。

無論、人材を雇うには、雇用後の給料だけでなく、採用コストも相応にかかります。人を雇えば、その教育・トレーニングに時間や人手が必要となることから、一時的に売上が下がる事態もあり得ます。

それでも、いい人材を獲得できる機会が到来したときに迷うことなく行動を起こし、しかも事業を安定的に継続していくために、余剰資産が大事なのです。

事業を拡大し、売上を上げ続ける原動力は人材

いい人材の獲得を左右するのは、オフィスの環境や給与、休日といった物理的な条件だけではありません。例えば、飲食店ならば若い人ほど「人気の店、流行っている店で働きたい」と言います。

ならば、求人広告の出稿だけに注力するのではなく、「食べログ」などの口コミサイトの評価を上げる努力も必要でしょう。インスタグラムなどのＳＮＳで店や料理のオシャレな写真をアップするなど、いわゆるＷｅｂを活用したブランディングも必須といえます。

今は「一人でソコソコ稼げればいいい」と思っていても、本業としてビジネスをスタートし、永続的にやっていくと腹を決めたら、いずれかのタイミングで「人を雇って、チャレンジしたい」と思うときがやってくるでしょう。

私の会社でも、№2の〝右腕〟として人材会社で働いていた社員を獲得できたことで、戦略的に人材採用を進められるようになりました。今、事業を拡大し、売上を上げ続けられているのは人材の力が大きいと考えています。

いざ「人が欲しい」と思ったときのために、雇用の仕方や採用コストぐらいは知っておき、心の準備とともに、資金的備えもしておくことも肝要なのです。

ポイント4　消費税負担など、2~3年先を見据えて動く

事業を継続していくうえでは、成長ステージに合わせて、考慮すべき選択肢も増えてきます。

例えば、最初は個人事業主でスタートしたとして、法人化するべきか。するならば、い

つ踏み切るか。

私のお客さまの場合、飲食店などＢtoＣの店舗ビジネスの方が多いため、個人事業主でスタートする方が大半です。融資の審査は、個人であろうと法人であろうと、どちらが有利、不利ということはありません。むしろ、融資を受ける際には、個人のほうが手続きが簡単で、タイミングも計りやすいため、大企業を相手にするようなＢtoＢビジネスでなければ、ムリに最初から法人にする必要はないと思います。

ただし、創業から2~3年を経ると、法人化が焦点に入ってくるタイミングが訪れます。例えば、売上が1000万円以上になると、消費税の納税義務が発生しますが、創業後2年間は売上にかかわらず消費税の支払いが免除となります。よって、1年（期）目で売上が1000万円を超した場合、創業3年（期）目からは消費税課税事業者になり、消費税を払う義務が発生します。

しかし、創業3年を迎える前に個人事業主から法人化すれば、資本金1000万円未満という条件付きで、売上にかかわらずさらに2年間は消費税免除の特典が受けられます。つまり、法人を活用することで、最大4年間、消費税が免除となるわけです。

そのほかにも、法人にすると社長も会社から給与を受け取る立場になるため、「給与所得控除が使える」「決算の時期を自由に設定できる」などのメリットが生まれます。

一方で、赤字でも「法人住民税の均等割を納める必要がある」、社員がいなくとも「社会保険の加入が義務付けられる」、さらに社員がいる場合は、会社負担（半額折半）も増えます（個人事業の場合、社員5人以上で要加入）。

創業後に融資を受ける場合は、決算後が最大のチャンスになります。

法人設立には、相応のコストと時間、手間がかかります。創業時には個人で申し込んだとして、2年目、3年目はどうするか。数年先を見据え、法人にして得られるメリット、デメリットも考えながら、タイミングを外すことなく準備を進めていくことが何より大事です。

ポイント5　融資における信用獲得のため、いい税理士に依頼する

会社の成長ステージに合わせて考えるべきもう一つの選択肢が、顧問税理士を依頼すべきか否かです。

お金のことはプロに任せ、本業に集中したいと考えるならば、個人事業主、法人にかかわらず創業時から依頼するのも一つのやり方でしょう。しかし、帳簿の記帳や申告などの手間が省ける一方で、売上に関係なく固定費として顧問料や決算料がかかってくるため、売上が安定的でない創業時から依頼するのはリスクもあります。

日本には「申告納税制度」というルールがあり、その制度に則り、納税者自らが納税の申告を行えば問題はありません。

確定申告のやり方は税務署で相談すれば教えてくれますし、便利な会計ソフトもあります。事業を始めたばかりで時間があるならば、自分で記帳や決算、申告をするのも会社の数字への感度を高めるうえでも勉強になるでしょう。

税務の業務以外に気軽に相談できない税理士にまつわるリスク

では、本業が忙しくなってきて、〝餅は餅屋に任せたい〟と考えるならば、どういう基準で税理士を選べばいいのでしょうか。税金の計算や申告を代理でしてもらうというだけなら、誰に頼んでも同じなのではと思われるかもしれませんが、実はそうともいい切れないのです。

一般的に税理士の仕事といわれるのは、「税務書類の作成」「税務代理」「税務相談」の3つになります。これらは税理士の資格がなければできない独占業務です。

しかし、事業を成功させるには、その時点でのお金の管理や節税対策をすればいいというものではなく、数年先を見据えて物事を判断していく必要があります。

先にも挙げたような「消費税の課税事業者になるべきか」「社長の借入金をどう処理するか」「資本金をいくらにするか」など、経営においては決断が迫られるさまざまな課題が発生します。

また、今ならば「この選択肢を選ぶのが正しい」と判断しても、5年先を考えるならば、「違う選択肢を選ぶべし」となることもあります。

例えば、目先の節税を考えるならば「積極的に経費を計上すべし」と考えても、融資を考えるならば、「経費をなるべく入れずに利益を出し、きちんと税金を払うべし」と判断するべきです。決算の時期についても、なるべく預金残高が多い時期を狙い、大きな設備投資を控えているならば、「今年は1カ月前倒しにしよう」というチョイスをするべきときも出てきます。

こうした会社の成長ステージや経営スタンスに応じて、長期スパンで個々のニーズに合わせた相談に乗ってくれる税理士ならば、「顧問料を払っても依頼する価値あり」という判断もできると思います。

しかし、経営の右腕として期待していたら、「疑問があっても相談しにくい」「税務以外のことを依頼すると、追加料金がかかりそうで不安」ということでは、相談すべきチャンスを逃がし、重要な経営判断を間違えるリスクも高まります。

税理士だからといって、融資に詳しいわけではない

「税金の計算だけをやってくれればいいのか」あるいは「幅広く会社の数字についてアドバイスも欲しいのか」など、自分が税理士に何を求めるかを明らかにすることを大前提に、融資アドバイザーであり、かつ税理士事務所で働いていた経験ももつ立場として注意点を申し上げるならば、「税理士だからといって、会社のお金のことにすべて精通している人ばかりではない」ということです。

特に、税金についてはプロであっても、融資に関しては実績も経験値があまりないがために、クライアントが求めるがままに節税ばかりに注力する税理士もいます。法に則った事務処理、対応はできても、実態に合った助言をフレキシブルにできるかも個人差があります。

また、特定の保険会社の代理店業務を兼ねている税理士も多いため、手数料目当てだけではないとしても、節税策として保険の加入を勧めるようなケースもあり得るのです。

「税理士の先生がおっしゃることだから」と疑うこともなく、節税に励んだ結果、融資を

受けたいときに受けられないというリスクも発生します。

融資のサポートを受ける際にも、認定支援機関を謳っていたとしても、実際に融資サポートの経験値がどの程度あるかは、事前に確認しておくのがベターでしょう。

持続的に融資を受けるうえで、税理士を依頼するポイントとして、とある金融機関の融資担当者からこんな話を聞いたことがあります。

それは、「優秀な税理士をつけると、信用アップにつながる」ということ。金融機関からの信用を獲得するコストだと考えて、しっかりとしたプロに税務申告をやってもらうべきだといいます。

最初のうちは個人でやるのも、青色申告会や組合のサポートを受けるのもいいでしょう。しかし、自分で申告しているうちは、どうしても自己流となり、本業の忙しさにかまけて〝どんぶり勘定〟ともなりかねません。金融機関の担当者としても、数字の信ぴょう性にどうしても疑いの目を向けざるを得ないというケースも出てきます。

融資をエンジンに、会社を成長させたいと考えるならば、ある段階で自分に合った税理士を検討し、自己流から脱することも必要不可欠な〝投資〟と考えるべきでしょう。

ポイント6　毎月末5分間の預金残高チェックで倒産リスクを減らす

優秀な税理士と顧問契約を結んだとしても、「会社の数字のことはすべて税理士に任せているから大丈夫」「税理士とのやりとりは経理担当にすべて任せている」という方がいたとしたら、それはリスク大といわざるを得ません。

実は税理士が作成した毎月の試算表や、決算書を見て、「売上も利益も順調に出ている」と安心していたら、思わぬ落とし穴にはまるリスクも大きくなります。会計上の数字では利益が出ていたとしても、預金残高はマイナスになっていることがあるからです。

簡単な例でご紹介しましょう。

「現金売上100万円、現金仕入れ50万円、支払った経費40万円、借入金返済15万円」の会社があったとします。

本業の取引だけを計算すれば、「売上１００万円－仕入れ50万円－経費40万円＝利益10万円」。利益が10万円出ているので問題ないようにも見えます。

しかし、利益が10万円あっても、借入金の返済が15万円ありますので、「利益10万円－借入金の返済15万円＝マイナス５万円」となります。

結果的に手元の現金は５万円減少することになり、この状態が継続すれば、どんどんマイナス額が蓄積していくことになります。

このように会計では「利益が出ているから大丈夫」と思っていても、結果として預金残高が減少。気づけば「会社にお金がまったくない」と、倒産寸前まで追い込まれるようなケースは決して少なくありません。

キャッシュがなければ会社は潰れる。

これが会社存続の法則です。現預金とは会社の実態を表す何より大事な項目でもあるのです。

メモ帳に預貯金の増減とその理由を付記するだけでOK

では、利益が出ているのに倒産するという、悲しい黒字倒産をどうしたら食い止められるのか。

実はカンタンな方法があります。それが、私が勧めている、毎月末の預金残高の増減をチェックすることです。

会社のお金の流れを示す財務諸表に「キャッシュ・フロー計算書」がありますが、事業を始めたばかりの忙しい時期に、わざわざ時間を割いて小難しい会計の勉強に取り組む必要は必ずしもありません。

最初に見るのは、預貯金の増減だけでOKです。やることは、通帳の預金残高のみを毎月月末にメモする。次に増減した理由について考え、コメントとして付記する。それで完了です。月末の営業日の仕事終了時に習慣づければ、ものの5~10分もあれば誰でもできるのではないでしょうか。

記載するのはノートでも、メモ帳でも、エクセル表でも何でも構いません。最初は明確な増減理由が分からなくても、大体の感覚で「これが理由かな」と気づいたポイントを書いていくだけで問題ありません。

例を使って解説しましょう。

（2月末　預金残高合計500万円）
3月末　預金残高550万円
・50万円増加したのは、車両の販売が好調で、売上、利益がアップ。結果的に預金も増加。
4月末　預金残高合計450万円
・100万円減少した理由は、新しい集客ツールに投資したことが原因。
5月末　預金残高合計400万円
・50万円減少の理由は人材採用の広告費を支出したこと。
といった具合です。

大事なのは会社の現金が増えているのか、減っているのかを把握すること。そして、もっと大事なのは、なぜ預金が増減したのかを考えることです。

現預金が減ったのが「将来への投資」というプラス要因ならばいいですが、「売上が下がった」といったマイナス要因であれば対策が必要となります。さらに売上の減少が季節要因なのか、突発的な要因があったのかによっても対応は異なります。

また、2カ月、3カ月と連続して現預金が減っているとしたならば、速やかなアクションが必要となります。売上が下がっているならば、新たな集客を考えてみる。ムダな経費があれば削る。こうして危険信号を早めに察知し、手を打つことで、いつの間にか手元の現金が枯渇してしまうリスクを軽減できるのです。

中国で代表取締役を「総経理」と表す理由

預金残高のチェックについては、融資の相談にみえたお客さまにも必ず実践していただけるよう助言をしています。

その大きな理由は預金が枯渇した状況に追い込まれると、事業存続に向けて取れる対策が限られてくるからです。

特に資金調達の一つの手段である融資は、これまでも申し上げてきたように、お金があれば比較的借りやすいものの、いざなくなって、資金需要が高まってからでは、借りるハードルがグッと上がります。

私のもとにも、どうにも資金繰りが回らなくなってから相談にみえる方が数多くいらっしゃいます。そこまで切羽詰まってしまうと、残念ながら私の会社でもできることは限られてしまいます。

会社が倒産するリスクは、ビジネスの行方以上に、融資を受けられるか否かにもかかっています。そのタイミングを逃さないためにも、預貯金の額をしっかりとウォッチしていただきたいのです。

現預金チェックを勧めるもう一つの理由としては、自分にプレッシャーをかけ続けるためでもあります。

例えば、私の会社では合計で3億4200万円の借入をしていて、今現在、預金として2億円ほどの残金があります。それは余剰資金でもありますが、借入で得た負債でもあります。毎月、その額を見ることで、「これだけの負債があるのだから、怠けず頑張らなくては」と自分にカツを入れる契機にもなっています。

現預金のチェックをスタートし、作業に慣れてきたら、「キャッシュ・フロー計算書」の考えに則って、売上やコストもメモしていくと、お金の流れがさらにクリアに見えてきます。

その際には、売掛、買掛ベースではなく、売上は入金された時点、コストは支払った時点でメモし、リアルタイムで手元資金を確認するようにしましょう。

ちなみに、お隣の国、中国では「総経理」と書いて代表取締役を意味します。そこには「経理ができる人が経営者であるべきだ」という意味合いが込められています。

無論、最初からハードルを上げ、簿記や会計について勉強しようとしても〝三日坊主〟で終わりかねません。

まずは簡単な家計簿感覚で、毎月お金がいくら残っているかをチェックしていただきたい。それも他人任せにせず、会社の代表者、事業を担う本人が実践することが肝要なのです。

ポイント7　デキる経営者は10億円の融資を見据えて動く

「将来的に医療法人を設立し、ゆくゆくは10億円ぐらいの融資を受けたいと考えていますが、果たして可能なのでしょうか？」

創業1年目でこんな大胆な質問をされた社長がいらっしゃいます。

その目標に向けて、創業時から積極的に融資を受け、創業3年間で３４５０万円もの融資を引き出し、２店舗を展開しているやり手経営者ですが、この社長の夢はそこに留まるものではありません。

掲げるコンセプトは「地域の健康を支えていくこと」。

そのためには、自分が経営する整骨院だけでなく、地域の健康を支えているような企業とパートナーシップを結んでいくことも必要なのではないか。その信念のもと、将来的にはビル一棟を建て、医療関係の会社にテナントで入ってもらう構想を立て、ワンストップで健康をトータルでサポートしていけるサービス展開を考えています。

これは、単なる夢物語ではなく、まずはスモールスタートで近隣にある薬膳料理のレストランと提携。食と身体の両方からのアプローチで、お互いに情報を交換し、顧客を紹介し合うなどの取り組みをすでに進めています。

5年先を見据え、融資も戦略的に進める

いつ、いくら融資を受けていくかは、最終的にビジネスをどのような形にしていきたいかでも変わってきます。そのうえでは、「なるべく多く、好条件で融資を受けたい」といった短期的な考えだけではなく、おぼろげでもいいので「5年先にどうなっていたいか」といった中長期的目標を立て、融資についても戦略的視点で考えることが大事です。

例えば、私が掲げているビジョンは、国が掲げる成長戦略の一つである「開業率10％達成」のうちの1％に私の会社で寄与するというものです。

目標がクリアになると、「やるべきこと」だけでなく、「やるべきではないこと」も見えてきます。

私の場合は、開業率アップとともに、安易に独立し会社を潰してしまうような廃業率の減少もミッションに掲げています。

そうすると、自然と手数料目当ての集客、営業はしない。新規事業の話やセミナーなどの話をもちかけられても、自分の事業構想、ミッションにそぐわないものにはいっさい手を出さないなど、自分なりのスタンスが定まってきます。融資サポートの料金設定についても、着手金ナシの完全成功報酬制にしているのも、先に挙げたミッションがあるからです。

目先の利益を優先すると目標がブレてしまう

〝儲ける〟ことを優先課題に掲げるならば、もっと違うビジネスモデルのほうが最適という考え方もできます。しかし、逆説的に聞こえるかもしれませんが、「儲けたい」という気持ちが先に立っている人ほど、「やるべきこと」「やるべきでないこと」が見えないまま、さまざまな儲け話、眉唾モノの新規ビジネスの話に飛びつき、結局、失敗しているケースが多いように感じます。

「ウマい話はないか」「ひと山当てられるビジネスはないか」と、常に目先の利益を優先に動いていると、目標がブレてしまう。結果、手を出すべきでない話にもつい手を出し、だまされてしまうのです。

もちろん売上を上げ続けることが大事なのは、再三申し上げたとおりです。

しかし、だからといって、「誰かを蹴落として、売上を奪う」のではなく、今のビジネストレンドとしても、先の整骨院の社長が描くように、ほかの会社とも連携しながらwin-winでビジネスを実践していくようなパートナーシップの構築が重視されるようになっています。

私の会社でも、先の開業率アップに寄与するうえで、より良い融資サービスを提供していく世のなかをつくるために、今まさに税理士の方々との関係構築を強化していく施策も進めています。

これも創業支援に関わるプロと広く手を組むことこそが、私たちが目指す目標に到達する近道だと考えているからです。

読んでくださっている方々にも、ぜひ長期スタンスでビジネスプランと達成したいミッションをまずはしっかり練り、そのエンジンとして融資を上手に活用していただきたい。融資サポートを実践するプレイヤーの一人として、独立・開業によって夢をかなえ、生き生きと働く人が続々登場するような世のなかが到来することを心から願っています。

おわりに

強い者、賢い者が生き残るのではない。変化できる者が生き残るのだ。

これは進化論で知られるダーウィンが残したとされる名言です。

私はコロナ禍で、この言葉は経営者にもそのまま当てはまると痛感させられました。人々の生活や価値観が短期間で劇的に変化するなかで、柔軟かつスピード感をもってその変化に対応できた経営者は、コロナ禍での打撃を小さくできたり、むしろ売上をアップさせることに成功したりしています。

コロナ禍によって成長できる経営者とそうでない経営者が明確になり、変化を先読みし、柔軟に対応できる経営者にはより成長しやすい環境ができたといえるのです。

ただ、変化に柔軟に対応していくには、先立つものも必要です。「あと少し資金があれば、倒産しなくて済んだのに……」というケースはコロナの前後にかかわらず、常に起こっています。ましてや、黒字のまま倒産したり、売上が急激に伸びる過程で需要に対応できる運転資金が足りなくなるケースもあります。

また、どんなに優秀な経営者であっても、手元資金が少なくなってくると精神的に追い詰められます。こうした状況に陥ってしまうと、的確な判断ができなくなったり、一か八かのリスクの高い選択肢をチョイスせざるを得ない状況に追い込まれてしまうのです。なかには、詐欺まがいの誘いに乗ってしまうような例も見られます。

日本の企業の数は、減少の一途をたどっています。それは、廃業する人や倒産を余儀なくされる企業の数よりも、新しく生まれる企業の数が少ないからです。これからの日本がより豊かな社会へと発展していくためには、新しい力、そして成長が必要です。

私は融資支援の会社を立ち上げて以来、現場の課題を見据え、創業を志す人々の思いに寄り添い、夢を実現するサポートとアドバイスを行ってきました。自分自身も積極的に融資を実践し、実地の経験から蓄積したノウハウ、知見をサポートに活かしてきました。

こうして創業から6年、ビジネスは順調に拡大し、特に公庫からの融資実績は4500

社以上と、日本最大レベルまで到達するに至りました。

現在、業界最低水準の完全成功報酬制での融資サポートを提供しています。問い合わせを受けてもお断りせざるを得ないケースもありますが、これは開業したうえで、しっかりと事業を継続できる方のみを責任をもって支援していきたいという思いからです。

起こした会社を潰してしまえば、そのダメージは計り知れません。自身が多額の債務を抱えたり、自己破産に追い込まれたりするだけでなく、社員を路頭に迷わせるような状況にもなりかねません。安易に創業を勧めて、事業をたたむようなつらい思いをしてほしくはないのです。


こうしたつらい事態を招かないためにもしっかりと準備をしていただき、最初の融資に成功したら、創業1〜2年目もスムーズに融資を実践していただけるよう随時、相談にもお応えしています。

おかげさまで、創業時から継続的にサポートさせていただくリピーターのお客さまも増えてきました。多くのお客さまが融資で得た資金を元に事業を拡大し、さらなる高みを目指していらっしゃる様子をかたわらで応援できることは、この上なくうれしく、この仕事を続けていく大きなモチベーションとなっています。

お客さまと同様、私もここまで行けばゴールということはありません。広告事業を手掛けてきたキャリアも活かし、集客や人材獲得、ブランディングのサポートなど、まだまだ挑戦したい事業プランは頭のなかに山ほどあります。

目指すは、〝社会の創業支援の一大インフラ〟になること。このインフラを上手に活用し、会社を立ち上げる人が増えていけば、日本はもっと活気づき、面白くなると思います。

働き方改革や副業の推進など、国の政策の後押しもあり、独立開業者が少ないといわれてきた日本でも、ようやく多様な働き方が認められる世のなかが到来しています。政府や金融機関の創業支援の取り組みもさらなる拡大が期待されます。これから独立し、事業を立ち上げようとしている人にとっては、追い風の時代といえます。

だからこそ独立の夢を描いているならば、「自分になんかムリなのでは」とあきらめることなくぜひトライしてください。私が独立開業によって、自分らしい生き方を手に入れたように、どうか多くの方に理想とする仕事のスタイルを実現してほしいと願っています。

本書が、独立独歩の道を考える多くの人の背中を押す一助になるならば、こんなにうれしいことはありません。

あなたも〝夢〟を〝目標〟に変えるべく、一歩を踏み出してください。

田原広一

2021年10月吉日

田原広一　たはら　こういち
株式会社SoLabo 代表取締役／税理士有資格者
平成22年8月、資格の学校TACに入社し、以降5年間、税理士講座財務諸表論講師を務める。

平成24年8月以降、副業で税理士事務所勤務や広告代理事業、保険代理事業、融資支援事業を経験。

平成27年12月、株式会社SoLabo（ソラボ）を設立し、代表取締役に就任。

顧客の融資支援実績は、累計4500件以上（2021年7月末現在）。

自身も株式会社SoLaboで創業6年目までに3億円以上の融資を受けることに成功。

実体験を踏まえたアドバイスは多くの起業家から支持されている。

本書についての
ご意見・ご感想はコチラ

増補改訂版
独立開業から事業を軌道に乗せるまで賢い融資の受け方38の秘訣

2021年10月29日　第1刷発行

著　者　　田原広一
発行人　　久保田貴幸

発行元　　株式会社 幻冬舎メディアコンサルティング
〒151-0051　東京都渋谷区千駄ヶ谷4-9-7
電話　03-5411-6440（編集）

発売元　　株式会社 幻冬舎
〒151-0051　東京都渋谷区千駄ヶ谷4-9-7
電話　03-5411-6222（営業）

印刷・製本　シナノ書籍印刷株式会社
装　丁　　株式会社 幻冬舎デザインプロ

検印廃止

Printed in Japan
ISBN 978-4-344-93674-4 C0034
幻冬舎メディアコンサルティングHP
http://www.gentosha-mc.com/